말리노프스키의 문화인류학

KB078561

차례
Contents

상반된 평가

　말리노프스키(Bronislaw Malinowski, 1884~1942)는 폴란드 출신의 인류학자로서, 20세기 전반기 영국의 사회인류학이 형성되는 과정에서 단연 독보적인 업적을 남긴 인물이다. 그는 기능주의의 시각을 도입해서 다양한 사회 제도와 문화 부문에 대해 독창적인 논문을 발표하고 특히 전례가 없을 만큼 세세하게 수집한 태평양의 한 원주민 부족에 대한 자료를 바탕으로 여러 권의 연구서를 발간하면서, 민족지 조사 방식에 새로운 초석을 남겼다. 그럼에도 불구하고 그는 말년에 미국으로 건너가 예일 대학에서 돌연히 그리고 쓸쓸히 죽었다. 그 후 영국의 사회인류학계는 한동안 말리노프스키와 그의 업적에 대해 무관심했다. 더욱이 리치(Edmund Leach)는 그의 연구 업적이

대체로 실패로 귀결되었다는 평가를 내렸고, 심지어 그가 주도한 세미나에 참가하기도 했던 에번스-프리처드(E. E. Evans-Pritchard)는 그의 사회학적 사고력이 미흡했다고 비판하기까지 했다.

사후 10여 년이 지나서 말리노프스키의 생애와 업적에 대한 평전을 편집하게 된 그의 충실한 제자, 퍼스(Raymond Firth)는 그에 대한 무관심이 다음의 세 가지 요인에서 비롯된 것이라고 보았다. 우선 첫째 요인으로 말리노프스키가 영국을 떠난 후에 사회인류학계에서 일어난 변화를 들 수 있다. 그 변화는 특히 영국의 사회인류학자인 래드클리프-브라운(A. R. Radcliffe-Brown)에 의해 주도된 것으로서, 각 사회에 대한 유형을 만들고 그 구조를 비교하는 연구의 성행을 가리킨다. 둘째 요인은 말리노프스키가 인간의 심리를 추구하면서 보편적인 문화 이론을 구축하려고 노력했지만, 오히려 문화 이론에의 집착이 그의 업적에 역효과를 가져왔다는 사실이다. 셋째 요인은 그의 성격과 관련된다. 그는 풍부하고 예민한 감정을 지녔으면서도 매우 자기중심적인 인물이었다. 이러한 성격은 깊은 애착 관계를 만드는 동시에 적대적인 관계를 쉽게 만들 수 있다.

이 책에서는 말리노프스키의 업적을 두루 살펴보면서, 그가 영국의 사회인류학 형성에 기여한 바를 평가하려고 한다. 그 과정에서 그가 당대 인류학자들에 의해 비판받았던 점들을 지적할 것이다. 그러나 종합적으로 볼 때, 영국 사회인류학계에서 한때 무시되었던 그의 많은 주장들이 후대의 사회인류학에서 다시 부각되었다는 사실은 그가 다양한 인류학적 영역을 탐구하면서 시대적으로 앞서 나갔음을 말해준다. 돌이켜보면, 말리노프스키의 학문적 생애와 업적은 영국 사회인류학사에서 일종의 패러독스처럼 남아 있는 듯하다.

인류학에의 입문과 기능주의적 민족지

인류학에의 입문

말리노프스키는 1884년 폴란드의 크라쿠프에서 태어났다. 그 당시 폴란드는 오스트리아 제국과 러시아에 의해 분할되어 있었고, 크라쿠프는 오스트리아 제국의 통치를 받았다. 그의 부친은 동유럽에서 가장 유서 깊은 야겔로 대학의 슬라브 문헌학 교수였다. 그는 야겔로 대학에 진학해서 수학과 물리학을 공부하다가 1908년 철학 박사 학위를 최우등으로 획득했다. 하지만 그는 지병으로 인해 연구를 중단할 수밖에 없었다. 그 동안 우연히 읽게 된 프레이저(James Frazer)의 『황금의 가지 *The Golden Bough*』라는 유명한 저술에 매료되어 그는 인류학으로 전환할 것을 결심했다. 『황금의 가지』는 영문학사 선집에도 실릴 만큼 수려한 문체로 씌었을 뿐 아니라, 왕의 살해 의례를 중심으로 다양한 종교와 의례 그리고 주술을 다룬 내용은 매우 이국적이면서도 신비했다. 하지만 여기서 간과하지 말아야 할 점은 그런 책을 우연히 읽고 나서 자신의 진로를 결정한 말리노프스키

1939년 시카고의 미국 인류학 대회에 참석한 말리노프스키의 모습.

의 심리에서 예민한 감수성과 함께 이국적인 현상에 대한 낭만적 충동을 엿볼 수 있다는 것이다. 여하튼 건강이 회복된 후 그는 라이프치히 대학으로 가서 뷔헤르(Karl Bucher)와 분트(Wilhelm Wundt) 밑에서 경제사와 실험 심리학을 연구하다가, 1910년에 영국 런던 대학(the London School of Economics)으로 건너가 본격적으로 인류학에 입문했다.

획기적인 조사 방식

런던 대학에서 그는 웨스터마크(Edward Westermark)의 지도

를 받았다. 웨스터마크는 근친상간에 대한 금기가 생기는 이유가 함께 성장한 남녀 사이에서 성적 매력이 감퇴하기 때문이라고 설명하는 본능설을 제안한 학자였다.[1] 그의 지도 아래 말리노프스키는 당시 가장 원시적인 부족으로 알려졌던 오스트레일리아 원주민의 가족생활에 관한 논문을 작성했다. 하지만 그 논문의 자료는 전적으로 기존의 문헌에 의존하는 것이었다.

말리노프스키의 학문적 도약에 밑거름이 된 것은 오히려 민족지 조사였으며, 이것은 1914년에 뉴기니로 탐사를 떠나면서 시작되었다. 뉴기니 탐사는 런던 대학의 민족학과에 재직하면

트로브리안드 섬의 일부 마을 전경.

서 말리노프스키의 후견자 역할을 담당했던 셀리그먼(C. G. Seligman)의 추천으로 수여한 장학금으로 가능했으며, 비용이 고갈되었을 때에도 역시 셀리그먼의 적극적인 도움으로 조사가 지속될 수 있었다.

말리노프스키는 1914년 9월 오스트레일리아를 경유해서 뉴기니 지역으로 조사를 떠났다.

우선 그는 투롱 섬의 마일루 족과 함께 수개월을 보낸 후, 1915년 2월 오스트레일리아로 돌아왔다. 그 후 그는 자신의 민족지 자료를 본격적으로 수집하기 위해서 뉴기니 섬 바로 동쪽에 위치한 트로브리안드 군도를 1915년 6월부터 1916년 5월까지 그리고 1917년 10월부터 1918년 10월까지 각각 1년씩 두 차례에 걸쳐 조사했다.[2]

이렇듯 현지에서 장기간 체류하면서 조사를 수행한 것은 그 당시에는 매우 이례적인 일이었다. 19세기 후반에 형성된 인류학에서 활용되었던 이(異)민족에 관한 자료는 주로 여행가나 탐험가, 식민 행정가나 군인, 교역자 그리고 선교사를 통해 간접적으로 입수된 것이었기 때문에 체계적이지 못했고 더욱이 오류도 많았다. 그래서 인류학계에서는 보다 객관적인 자료를 치밀하게 수집해야 한다는 자각이 커졌다.

그 일환으로 해든(Alfred Haddon)을 비롯한 몇몇 학자들은 탐사단을 조직하여 1888년에 오스트레일리아와 뉴기니 사이의 토레스 해협을 조사했다. 그러나 짧은 기간 동안에 수박 겉핥기 식으로 여러 섬들을 조사했기 때문에 여전히 선교사나 행정가 혹은 탐험가가 제공한 자료를 주로 수집하는 데 그쳤다.

또한 해든과 마찬가지로 동물학자인 스펜서(Baldwin Spencer)도 오스트레일리아에서 전신국장으로 근무하면서 지역 원주민과 친밀한 관계를 유지하던 길렌(Frank Gillen)과 함께 아룬타 족을 직접 관찰하면서 조사했다. 하지만 조사가 주로 친족 조직과 의례 부문에 집중된 만큼 그 기간은 3개월에 그쳤고, 의사소통도 피진(pidgin)어[3]를 통해 매우 제한적으로 이루어졌다.

이에 비추어 말리노프스키의 조사는 획기적인 것이었다. 우선 그는 트로브리안드 원주민의 삶을 총체적으로 조망하려고 노력했다. 그래서 그의 민족지에서는 가족이나 친족, 혼인, 농경과 어로를 포함한 경제적인 삶, 나아가 다양한 의례를 비롯하여 주술과 신화 등의 관념적인 문화에 이르기까지 다양한 영역의 삶이 다루어졌다.

그는 이러한 자료를 수집하기 위해서 민족지 조사는 기본적으로 4계절을 한 주기로 해서 1년 단위로 이루어져야 한다는 범례를 남겼다. 또한 그는 부족의 주거지 한가운데에 거처를 마련함으로써, 원주민을 선교사의 집이나 행정 사무소로 불러다 놓고 인터뷰나 하는 과거의 고답적인 방식에서 탈피하여, 원주민의 삶에 적극적으로 직접 참여하면서 관찰하려는 노력을 펼쳤다. 이것은 나중에 소위 참여 관찰(participant observation)이라는 방법론으로 정착되었다.

여하튼 이런 과정에서 말리노프스키는 자신의 탁월한 언어적 능력을 발휘하여 조사 후반기에는 원주민 언어를 구사하면서 조사를 수행할 수 있었다. 이처럼 말리노프스키가 남긴 조사 방법론적 선례는 향후 민족지 조사의 기본 지침이 되면서 전통을 이루어 나갔다.

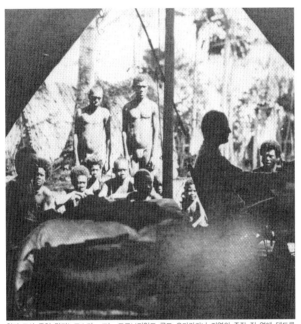

현지 조사 중인 말리노프스키 : 그는 트로브리안드 군도 오마라카나 지역의 족장 집 옆에 텐트를 쳤고, 그 보답으로 이틀에 궐련 한 대를 족장에게 선사했다. 그는 자신의 사후 발간된, 『엄격한 어휘적 의미에서의 일기 A Diary in the Strict Sense of the Term, 1967』에서 트로브리안드 부족에 대한 일종의 소유 의식과 자신의 조사에 대한 자긍심을 나타냈다. "그들을 기술하고, 그들을 창조하는 것은 나이다. 이 섬을 내가 발견하진 않았지만, 나에 의해 가장 먼저 예술적으로 경험되고 지적으로 정복되고 있다." 그의 일기는 감정의 안전장치 역할을 수행하기도 했다. 그래서 그 안에서는 다양한(심지어 상호 모순적인) 감정이 토로되었다. 이를테면, 그는 원주민을 인종적으로 낮추어 보면서 그들의 생활이 마치 개의 생활처럼 자신에게 중요하지 않은 것으로 간주하기도 했다. 그러면서 그는 현지 조사의 지루함과 고독감을 표출했다.

기능주의적 관점

이런 방법을 통해 수집된 다양한 자료는 주로 세 권의 민족지 단행본에 담겨 발간되었다. 그의 첫 번째 민족지는 65개의

도록을 포함해서 600여 쪽에 달하는 『서태평양의 항해사들 *The Argonauts of the Western Pacific, 1922*』이었다. 여기에서 그는 트로브리안드 군도를 비롯한 여러 섬들에서 행해지는 교역을 세세하게 기술했다. 그의 두 번째 민족지는 530여 쪽 분량의 『북서 멜라네시아 야만인의 성 생활 *The Sexual Life of Savages in North-Western Melanesia, 1929*』으로서, 여기서 말리노프스키는 트로브리안드 원주민의 가족과 혼인 그리고 성 생활을 그렸다. 그의 세 번째 민족지인 『산호섬의 경작지와 주술 *Coral Gardens and their Magic, 1935*』은 상하 두 권으로 이루어졌으며, 모두 900여 쪽에 달했다. 여기서 그는 경작 방식과 이에 결부된 다양한 제도 특히 의례와 주술을 기록했다. 덧붙여, 말리노프스키는 단행본을 발간하기 이전인 1916년에 「발로마 : 트로브리안드 군도에서 사자(死者)의 영혼 *Baloma : Spirits of the Dead in the Trobriand Islands*」이라는 제목으로 80쪽 정도 분량의 민족지 논문을 왕립 인류학회지에 기고하기도 했다.

이처럼 방대한 양의 민족지 자료는 그 당시 선례가 없었을 뿐 아니라, 단일 사회에 대한 민족지 자료라는 점에서 향후에도 그것에 견줄 만한 조사는 거의 이루어지지 않았다. 그런데 더욱 흥미로운 것은 그토록 방대한 양의 자료를 정리하면서 그 당시에 매우 특이한 방식으로 다양한 자료들을 엮었다는 사실이다. 그 특이한 방식은 바로 기능주의의 틀로써 다양한 자료들 사이에 관계를 맺는 것이었다.

말리노프스키는 일찍이 오스트레일리아 원주민 가족을 이

해하기 위해서 그 집단(social institution)을 모든 맥락에서 다각도로 분석할 필요가 있음을 자각했다. 여기서 모든 맥락이란 바로 기능적 측면을 일컫는 것이다.

그래서 그는 트로브리안드의 가족이나 토템 집단, 외혼 집단 등의 집단들을 살펴볼 때, 각 집단이 지닌 종교적, 주술적, 법적, 경제적, 심지어 심리적 기능 등 다양한 기능들을 모두 고려한 조사 자료를 제시했다. 예를 들면, 트로브리안드 사회의 문화 중에서 카누라는 문화적 요소(혹은 제도)는 그것을 건조하고 사용하는 집단, 건조 기술, 이와 결부된 주술 그리고 선박과 어획물의 취급에 대한 관계 규정, 심지어 선박 건조 및 항해와 관련한 구비전승 등의 다양한 요소들로 구성되어 있기 때문에, 그러한 요소들을 카누의 민족지 기술에 모두 포함해야만 그것에 대한 총체적이며 진정한 이해에 도달할 수 있다는 것이다.

이 같은 말리노프스키의 기능주의적 관점은 자신의 민족지 저술에서 다루어진 이국적이고 때로는 일견 불가지한 트로브리안드의 문화 관습을 독자에게 이해시키기 위한 것만은 아니었다. 그는 실제로 문화란 그런 방식으로 구성되고 기능하기 때문에 존재할 수 있는 실체라고 간주했다.

그래서 그는 1922년에 식민 통치 과정에서 자행된 토착 문화의 인위적이며 근시안적인 말살을 개탄하면서 다음과 같이 논하기도 했다. "모든 문화의 항목, 모든 관습과 신앙은 별개의 가치를 지니고 있으며, 별개의 사회적 기능을 수행하고 또한 생물학적으로 절대적인 의미를 갖는다. 왜냐하면 전통은 마치 실 가닥들이 긴밀히 짜여져 있어 어느 한 가닥을 파괴하면 전체가 해체되는 직물과 같은 것이기 때문이다…… 전통을 파괴하면 집합적 유기체에서 보호 껍질을 빼앗는 셈이 되며 그 유기체를 점진적이지만 불가피한 죽음의 과정으로 몰아넣게 된다.”

요컨대, 말리노프스키는 인류학적 사실(혹은 문화 요소)들이 각기 고유한 기능, 즉 그것들이 문화의 통합적 체계에서 수행하는 역할을 나름대로 갖고 있다고 보았다. 그런 까닭에 문화는 하나의 기능적 총체로서 인식되어야 하며, 각 부분을 구성하는 관습이나 제도 혹은 신앙 체계는 그 기능에 준해서 이해될 수 있다. 바꾸어 말하면, 어떤 문화적 요소도 필연적으로 다른 문화적 요소와 어떤 관계를 맺고 있는지를 살펴보지 않는 한 제대로 이해될 수 없다는 것이다. 이런 관점에서 그는 문화 요소들, 이를테면, 가족을 비롯한 여러 사회 집단들, 농경이나 어로 기술, 노동 조직, 소유제도, 교환이나 교역, 친족과 혼인, 주술, 의례, 신화나 전설, 믿음과 종교 등의 다양한 요소들을 상호 연계시키면서 트로브리안드 사회를 총체적으로 파악해 나갔다.

이런 방식으로 민족지 조사 자료를 발간하면서, 말리노프스키는 1921년에 런던 대학으로 돌아와 강의를 맡기 시작했다. 그리고 그 다음 해에 전임강사(lecturer)가 되었고, 1924년에는 조교수(reader) 그리고 1927년에는 드디어 인류학 교수(chair)가

되었다. 이와 더불어 그는 영국의 인류학계를 이끌어나가는 주도적인 인물로 부상했고, 많은 인류학도들을 자신의 세미나로 끌어들였다.

트로브리안드 사회의 모습

　말리노프스키에게 명성과 권위를 가져다 준 것은 그의 민족지 조사였지만, 트로브리안드 사회의 특유성에서 비롯된 것이기도 했다. 무엇보다도 트로브리안드 민족지에서 특기할 만한 것은 모계 사회로서 외숙거주제라는 특이한 혼후(婚後) 거주 규칙을 가지고 있었고, 성(性) 행위와 임신 사이의 인과관계가 인식되지 않았다는 점이다. 또한 트로브리안드 군도를 포함해서 여러 섬들 간에 쿨라라고 불리는 광활한 교환 체계가 형성되어 있던 것도 주목을 받을 만했다.

모계 사회에 형성된 족장 제도

　우선 트로브리안드 사회는 호미 농경과 어로를 하는 모계 사회이며, 초보적인 단계의 족장 사회 유형에 속한다. 족장 사회는 족장이라는 세습적 지위가 존재하는 사회로서, 족장의 권한은 사회마다 다양하게 나타난다. 트로브리안드 사회에서 족장의 권한은 그다지 막강하거나 절대적이지 않을뿐더러 족장은 일상생활에서 평민과 격의 없이 어울린다. 그의 지위는 피지배자 혹은 추종자들에게 주로 물질적인 보상을 함으로써 유지되는 다분히 온정주의적인(paternalistic) 방식에 의존한다. 그래서 족장은 마을의 다양한 행사나 의례 때 주민들을 모으고 물질적인 후원을 함으로써 족장의 권위를 다시 강화한다. 종종 반대자에게 제재를 가할 때, 족장은 주술사에게 가해 주술을 걸게 해서 위협을 주기도 한다. 주술사는 족장이 명령한 일을 수행하지만, 이에 대한 응분의 보상을 받는다. 간혹 족장은 심복을 시켜 반대자를 죽이도록 명령하기도 하지만, 이는 극히 드문 일이다. 사실상 족장의 권한이 거의 왕권에 버금가는 사회와 견주어 볼 때, 트로브리안드의 족장은 오히려 폴리네시아에 넓게 나타나는 빅맨(Big Man)의 지위에 더 가까운 듯하다. 여하튼 트로브리안드 사회에서 이 같은 수준의 족장 제도가 발달했다는 것은 다소 이례적인 일이다. 왜냐하면 비교사회학적으로 볼 때, 대체로 모계 사회에서는 불평등한 사회 계층화가 그다지 이루어지지 않기 때문이다.

외숙거주제라는 혼후(婚後) 거주 방식

또한 트로브리안드의 모계 씨족 집단은 다른 모계 사회와 달리 특이한 방식으로 구성되는데, 이는 특히 혼후(婚後) 거주 방식에서 비롯된다. 대체로 씨족 집단은 내부적으로 혼인을 할 수 없고, 배우자를 다른 집단에서 구하는 외혼제(外婚制)를 따른다. 여기서 혼인한 부부가 어디에서 정착하는가 하는 문제는 집단의 노동력과 세력에 영향을 주게 된다. 그래서 각 사회마다 혼인한 부부의 주거지를 결정하는 혼후 거주 규칙을 제정해 놓고 있다.

일반적으로 부계 사회가 혼인한 아들에 집착하는 것처럼, 부계 사회와 반대의 원리인 모계 사회에서는 혼인한 딸에 집착하기 마련이다. 왜냐하면 부계 원리 아래서 아들의 자식이 집안을 승계하듯이 마찬가지로 모계 원리 아래서도 딸의 자식이 그런 지위에 있기 때문이다. 그래서 모계 사회에서는 혼인한 아들이 처가에 가서 살더라도 혼인한 딸은 자기 씨족 집단과 함께 남아야 한다는, 즉 부부는 아내의 집안에서 거주한다는 부처(婦處)거주제를 주로 따른다. 실제로 비교사회학적인 자료에 따르면, 부계 사회에서는 혼인한 부부가 남편의 집안에서 거주하는 부처(夫處)거주제가 거의 99% 나타난다. 그리고 모계 사회에서도 아내의 집안에서 거주하는 부처(婦處)거주제가 가장 흔히 나타난다.[4] 그런데 말리노프스키가 조사한 트로브리안드 사회는 모계이면서 부처(婦處)거주제를 따르지 않았고, 그 당시 전혀 알려지지 않았던 변칙적인 거주 규칙을 따르고 있었다.

우선 트로브리안드 사회의 혼후 거주 방식은 외견상 신랑의 집안으로 신부가 이주하는 부처(夫處)거주제인 것처럼 보인다. 그렇지만 신부를 맞는 시집의 식구들은 시부모가 아니라 시외숙과 시외숙모 그리고 그들의 미혼 자녀들로 나타난다. 이것은 어머니가 아버지의 집안으로 시집와서 낳은 신랑이 아버지의 모계 씨족과 함께 살다가 사춘기 즈음 부모의 슬하를 벗어나서 외숙이 사는 곳으로 이주한 결과이다.[5] 트로브리안드 사회에서 외숙이 사는 이곳이 바로 신랑의 모계 씨족이 대대로 살아왔고 또 그 자신의 권리와 의무가 결합된 곳이기도 하다. 반면에 이곳에서 태어나 성장한 외숙의 자녀들은 그의 모계 씨족이 아니라 외숙모의 모계 씨족에 속하기 때문에 나름대로 혼인하기 전후에 이곳을 떠나게 되어 있다.

결국 남자의 경우 아버지의 모계 씨족 집단에서 태어나 성장한 후 사춘기 즈음 외숙이 거주하는 자신의 모계 씨족 집단으로 이주해서 신부를 맞고 자녀를 낳아 기른 후 시집·장가를 보낸다. 이는 결국 모계 씨족의 남자 성원들이 한곳에 거주하면서, 집단의 공동 재산을 외숙에게서 조카에게로 상속시키는 효과를 가져다준다. 이런 까닭에 모계 사회의 가족 관계에서 권위적인 친족은 아버지가 아니라 외숙부로 나타난다.

나중에 외숙(外叔)거주제로 명명된 트로브리안드 사회의 이 같은 혼후 거주 방식은 모계 사회에서 부처(婦處)거주제보다는 빈번히 나타나지 않더라도, 드물게 나타나는 거주 방식은 아닌 것으로 밝혀졌다.

트로브리안드 모계 사회에서 여성의 지위

　외숙거주제 아래서 여자의 경우에는 역시 아버지의 모계 씨족 집단에서 태어나 성장한 후 혼인과 함께 남편의 모계 씨족 집단으로 이주해서 자녀를 낳아 기른 후 시집·장가를 보내며, 그곳에서 여생을 살아간다. 그렇다면 트로브리안드 사회에서 여성은 자신의 모계 씨족이 살고 또 자신의 권리와 의무가 소재한 곳에서 한번도 살아보지 못하고 일생을 마치는 셈이다. 이것은 일견 여성의 사회적 지위가 상대적으로 높을 듯한 모계 사회에서 뜻밖의 일처럼 보인다.

　사실상 모계 원리는 기술이 단순한 호미 농경 사회에서 많이 나타나는 경향이 있으며, 이런 사회에서는 여성의 생산력이 큰 비중을 차지하는 만큼 상대적으로 여성의 지위 또한 큰 편이다. 그렇지만 일반적으로 모계 사회에서도 사실상 씨족 집단의 세력은 남자 성원들의 결집된 힘에서 비롯되기 때문에 집단 간의 정치경제적 관계는 여전히 남성 중심적으로 이루어진다. 그런데 모계 사회에서 부처(婦處)거주제를 채택한다면 집단의 남자 성원들이 여기저기 분산되어 세력이 약화될 것이다. 그래서 부처(婦處)거주제를 채택한 모계 사회는 대체로 인구 밀도가 높은 사회에서 나타나는 편이며, 여기서 신랑은 다른 씨족에게 장가를 들어도 그다지 멀지 않은 곳에 머무를 수 있다. 그리고 유사시 언제라도 신랑은 자신의 모계 씨족 소재지로 복귀해서 집안일을 관장할 수 있다.

그러나 지역에 따라 이렇듯 분산되어 있던 모계 씨족의 남자 성원들이 복귀하기에 어려운 지리적 환경도 있을 것이고, 아예 남자 성원들이 함께 거주함으로써 얻을 수 있는 결집력을 필요로 하는 사회적 상황도 있을 것이다. 아마도 트로브리안드 사회가 이런 경우에 해당하는 듯하다. 이 사회에서는 험한 어로 작업을 수행해야 할 뿐 아니라 장기간 항해를 떠나는 일도 주기적으로 있기 때문이다. 그래서 아마도 부계 사회와 마찬가지로 모계 씨족의 남자 성원들을 한 곳에 집결시킬 수 있는 거주 방식을 필요로 했을지 모른다.

그럼에도 불구하고, 외숙거주제 아래서 여성이 평생 자신의 씨족 집단 근거지에서 한번도 살아보지 못한다는 사실은 외견상 모계 원리와 양립할 수 없는 것처럼 보인다. 그러나 트로브리안드 사회에서 여성이 언제나 자신의 씨족 집단에서 무시될 수는 없다. 왜냐하면 그녀가 어디에서 살든 그녀가 낳은 자녀가 바로 그녀가 일생 동안 함께 살아보지 못할 씨족 집단의 새로운 성원이 되기 때문이다. 그래서 오누이 관계는 특히 각별한 의미를 지닌다.

일반적으로 모계 사회에서는 부부 관계보다 오누이 관계가 더 긴밀하다. 말리노프스키는 특히 트로브리안드 사회에서 함께 성장한 오누이 관계가 매우 엄격하다고 보고한다. 그에 따르면, 일찍부터 오누이 사이에서는 지나친 장난을 하는 등 신체적 접촉이 금지되며, 어떤 성적 농담도 나눌 수 없다고 한다. 게다가 오빠는 어느 정도 성장하면 마을에 있는 총각들이 함께 모여 사는 '총각의 집'으로 나가 지내기 때문에 누이와 한 집안에 머물지도 않는다. 그리고 누이는 자신의 혼전 연애 행각이 오빠에게 노출되는 것을 극히 꺼린다.

그렇지만 오빠가 다가가면 누이는 고개를 숙이고 그의 명령에 복종하며 그를 가장(家長)으로 간주한다. 이는 오빠가 평생 그녀의 후견인이 되기 때문이다. 그렇지만 그는 누이의 혼사에 그다지 영향력을 행사하지 못한다. 오히려 그는 씨족 성원으로서 누이의 권리와 복지를 배려해서 처남에게 곡물을 매년 증여해야 한다. 이를테면, 매년 추수 때 오빠 혹은 그녀의 모계 친족은 시집간 누이를 위해 그녀의 시집에 있는 식량 저장고에 참마(고구마의 일종) 등의 식량을 채워 넣어야 한다.

남편의 입장에서 보면, 처남이 증여하는 이 같은 관습은 족장이 자신의 권위를 강화하기 위해 베푸는 재물의 원천이 되

오마라카나의 토쿠루바키키와 손자를 안고 있는 그의 모친과 처자식들의 모습. 아마도 모친이 아들의 집을 방문한 듯하다. 그 뒤로는 참마 등을 저장하는 곳간이 보인다.

기도 한다. 족장은 특히 일부다처제를 행사할 수 있는 권리를 갖고 있기 때문에 수십 명의 아내를 거느릴 경우 매년 많은 식량을 확보할 수 있다. 이를테면, 트로브리안드 군도의 키리 위나 지역을 지배한 오마라카나 구역의 족장은 한때 40명의 아내를 거느렸고, 자신의 구역에서 생산된 작물의 30-50%를 차지하기도 했다고 한다.

트로브리안드의 친족 분류 체계 - 크로우 유형

트로브리안드의 친족 체계와 관련해서 또한 특이한 점은 친족을 분류하는 방식에서 나타난다. 비교사회학적 연구의 결과 인류 사회의 친족 분류 방식은 대체로 일곱 개의 유형으로 나뉘었다. 우리나라의 친족 분류 방식은 중국의 영향을 받아서 아버지 쪽과 어머니 쪽 형제자매를 제각기 구분한다. 이런 방식을 수단 형이라고 불린다. 그런데 다수의 사회에서는 다른 혈연관계의 친족들을 동일한 범주에 귀속시키는 것으로 나타났으며, 어떤 친족들을 병합시키는가에 따라 여러 유형으로 세분되었다. 이를테면, 하와이 원주민 사회에서는 F, FB, MB를 하나의 범주에 귀속시키고, M, MZ, FZ를 다른 하나의 범주에 귀속시켰다(F=Father; M=Mother, B=Brother, Z=Sister를 의미). 혹은 이로꼬이 인디안 사회에서는 F와 FB, 그리고 M과 MZ만을 각기 동일한 범주에 넣었고, MB와 FZ는 다른 범주로 분류했다.

이처럼 다른 혈연관계에 있지만 동일한 세대의 친족들을 동일한 호칭으로 함께 부르는 것은 우리에게 전혀 낯설지는 않은 듯하다. 이를테면, 경상도 지역에서 '아재' 혹은 '아지매'란 호칭은 다른 혈연관계에 있는 친족들을 부를 때 쓰이고 있다. 그런데 나중에 북아메리카 인디언 원주민 부족의 이름을 따서 명명된 크로우 유형에 속하는 트로브리안드의 친족 분류 체계는 주로 모계 사회에서 많이 나타나는데, 특이하게도 혈연관계가 다를 뿐 아니라 서로 다른 세대에 있는 친족 성원들을 동일한 호칭으로 부르는 특징을 나타냈다.

이를테면, 트로브리안드 사회에서 '타부'라는 호칭은 나의 FM, FZ, FZD, FZDD 등에게 공통적으로 부여 된다(D=Daughter). 그리고 '타마'라는 호칭은 공통적으로 나의 F, FB, FZS, FZDS 등을 부를 때 쓰인다(S=Son). 이들은 내게 모두 아버지의 모계 씨족 성원들이지만, 단지 성별에 따라 두 범주로 나뉜 것일 뿐이다. 나아가 자신의 모계 씨족 성원 중 남자 성원들의 자녀는 모두 '라투'로 불린다. 이를테면, 자신의 C, BC, MBC, MMBC 등이 그렇다(C=Child). 이는 자신의 모계 씨족 성원 중 남자 성원들이 사회적으로 동일시된다는 의미를 담은 듯하다. 다만 여기서 자신의 남자 모계 씨족 성원 중 MB와 ZS가 '카다'로 불리는 반면, B는 다른 호칭으로 불리는 것이 특이하다.

여하튼 이 같은 호칭 방식은 우리의 입장에서 매우 이국적인 것처럼 보일지 몰라도, 오히려 우리의 친족 호칭 방식이 크로우 유형보다 전 세계적으로 드물게 나타난다. 어떤 통계 자료에 따르면, 243개 사회 중 29개의 사회가 크로우 유형을 띤 반면, 수단 형을 보이는 사회는 17개에 불과하다. 더욱이 흥미로운 것은 크로우 유형과 정확히 거울상(像)의 관계에 있는 친족 분류 형태가 부족 사회에서 나타난다는 사실이다. 이를테면, 여기서는 MB, MBS, MBSS가 하나의 범주에 귀속되며, M, MZ, MBD, MBSD가 다른 하나의 범주에 귀속된다. 이 유형은 역시 북아메리카 인디언 부족의 이름을 따서 오마하 유형이라고 불리었다. 그리고 크로우 유형에 버금갈 만큼 부족 사회에서 종종 발견되었다.

크로우 형과 오마하 형은 특히 나중에 프랑스의 저명한 구조주의 인류학자인 레비-스트로스(Claude Levi-Strauss)가 구조주의 분석법을 구현하는 과정에서 주목 받았다. 레비-스트로스에 따르면, 부족 사회에서는 혼인 관계를 매개로 해서 집단 간에 동맹을 맺는데, 특히 크로우 형과 오마하 형은 모변 교차 사촌혼과 결합해서 간접 교환 체계 혹은 비대칭 동맹 체계를 이룬다는 것이다.

우선 모변 교차사촌혼이란 남자의 입장에서 모변, 즉 어머니 쪽의 교차친(交叉親), 즉 어머니와 성별(sex)이 다른 형제의 딸, 즉 사촌(=MBD)과 결혼하는 사회적 풍습을 일컫는다. 이와 더불어 아버지 쪽, 즉 부변 교차사촌(=FZD)과의 혼인은 엄격히 금지된다. 그리고 레비-스트로스에 따르면, 친족 분류 체계가 크로우 형인 모계 사회이든 오마하 형인 부계 사회이든,

자기와 다른 씨족에 속해 있는 모변 교차사촌과의 혼인은 간접 교환 체계를 형성한다는 것이다.

간접 교환 체계란 임의의 집단이 주변 집단들과 혼인 관계를 맺을 때 자기 집단이 여성 배우자를 제공하거나, 그렇지 않으면 상대 집단이 여성 배우자를 제공하는 체계를 의미한다. 여기서 특정한 두 집단이 여성 배우자를 주고받을 수는 없다. 이는 레비-스트로스가 직접 교환 체계라고 규정한 혼인 동맹 패턴에 속한다. 결국 간접 교환 체계는 비대칭적으로 동맹 관계를 집단들 사이에서 맺는 방식이다.

그런데 크로우 유형의 분류 체계를 갖는 트로브리안드 사회에서 모변 교차사촌혼의 규칙은 존재하지 않는다. 오히려 배우자는 다른 씨족에 속하는 한 대체로 무방하다. 다만 족장은 종종 아들이 성장한 후에도 처남의 집으로 아들을 보내지 않고 데리고 살기도 한다. 이를 위해 족장은 아들을 누이의 딸과 혼인시키기도 한다. 일종의 부변 교차사촌혼에 속하는 이런 편법은 족장의 권한 때문에 가능한 것이기도 하다. 그렇지만 사실상 '타부'라는 단일한 호칭으로 불리는 아버지의 모계 씨족 여성들은 성적 농담을 나누거나 신체적 접촉이 허용되는 관계에 있다. 그 중 특히 사촌 혹은 그녀의 딸은 사회적으로 최선의 배우자감으로 선호되기도 한다.

여하튼 사회적으로는 특정한 집안에서 제한적으로 행해질지 모르지만, 말리노프스키는 부변 교차사촌혼의 풍습이 모계적 규범에 상충해서 부성애가 작용한 결과 나타난 것이라고 설명

했다. 트로브리안드 사회에서 부친은 친밀하고 다정한 관계에 있으며, 이것은 권위적인 외숙과 대비되는 것이다. 그리고 이 점은 특히 나중에 말리노프스키가 프로이트(Sigmund Frend)의 정신분석학 이론을 반박하는 단서로 활용되기도 했다.

한편 트로브리안드 사회에서 모변 교차사촌혼은 오히려 근친상간으로 간주될 만큼 엄격히 금지되어 있다. 이미 언급했듯이, 남매간 신체적 혹은 성적 접촉은 일찍부터 기피되고 있으며, 그들은 상대방을 서로 '루타'라는 호칭을 써서 부른다. 모변 교차사촌들은 자신의 형제나 오누이와 같은 호칭으로 불리는데, 특히 모변 교차사촌녀(=MBD)는 '루타'로 불리는 것이다.

이렇듯 트로브리안드 사회에서 크로우 유형의 친족 분류 체계는 모변 교차사촌혼과 결합되지 않고, 오히려 모변 교차사촌혼은 엄격한 금기의 대상이 되면서 부변 교차사촌혼이 선호되고 있다는 사실은 인류 친족 체계에 대한 레비-스트로스의 간접 교환 체계 이론에 어긋나는 사례로 부각되었다. 또한 그 사실은 교차사촌혼과 같은 특이한 혼인 방식이 집단 간 동맹의 필요성이라는 사회적 요인에 의해 생겨났다는 구조주의적 해석과 달리, 오히려 가족 성원들 사이의 심리적 관계에서 발생했을 것이라는 반론의 단초를 제공하기도 했다.

성(性) 행위와 생식

나아가 트로브리안드 사회에서 모계 이데올로기는 믿음과

신화로써 뒷받침되기도 한다. 말리노프스키가 지적했듯이, 신화는 행위의 강령으로 작용하는 것이다. 그런데 그러한 믿음과 신화 중 가장 흥미롭고 많은 논쟁을 불러일으킨 것은 트로브리안드 주민이 성(性) 행위와 생식의 인과관계를 인식하지 못한다는 내용을 담은 것이다.

말리노프스키에 따르면, 사람이 죽은 후에 영혼은 사자(死者)의 섬인 튜마로 옮겨간다고 한다. 여기서 영혼은 재생력을 지니고 영원한 젊음을 구가하지만, 이런 영생에 지치면서 다시 이 세상으로 돌아오려고 한다. 이를 실행에 옮기기 위해서 영혼은 영적 태아(the spirit child)[6]로 변해 트로브리안드 섬으로 돌아온 후, 특정한 여인의 자궁으로 들어가게 된다. 이 과정을 거치는 동안 영적 태아는 죽은 영혼의 도움을 받기도 하는데, 이 영혼은 주로 그 여인의 모계 씨족이거나 간혹 그녀의 아버지가 된다. 그래서 임신하는 여인이나 그의 남편은 그러한 영혼과 영적 태아에 관한 꿈을 꾸게 된다.

여기서 주목해야 할 점은 트로브리안드 원주민이 모든 여인의 임신은 필연적으로 영적 태아가 자궁에 들어간 결과 일어난 것이라고 믿는다는 것이다. 말리노프스키는 트로브리안드 사회에서 여인의 임신이 성 행위의 결과로 인식되지 않는다고 보았다. 사실상 이 같은 성 행위와 임신 사이의 인과관계에 대한 인식의 결여 혹은 무지는 원시 부족 사회에서 극히 이례적인 것이다. 이러한 무지를 입증하기 위해서 말리노프스키는 다양한 검증을 시도했다.

트로브리안드 사회에는 처녀가 임신을 할 수 없다는 사회적 인식이 있는데, 이러한 인식, 즉 성 행위를 하지 않은 처녀는 당연히 임신할 수 없다는 인식 자체가 양자 사이의 인과관계에 대한 인식을 입증하는 것은 아니라고 말리노프스키는 말한다. 실제로 원주민들에 따르면, 처녀의 경우에는 자궁으로 들어가는 길이 막혀 있기 때문에 영적 태아가 들어갈 수 없고, 이 길은 성 행위를 통해서 열릴 수 있다고 한다. 그렇지만 영적 태아가 자궁으로 들어가는 길은 다른 방식으로 열리기도 한다. 이를테면, 트로브리안드 사회에는 여인이 자신의 음부를 빗물에 노출시켜 자궁으로 통하는 길을 인위적으로 열고, 수태를 해서 씨족을 번성시켰다는 신화들이 있다. 또한 원주민들은 실제로 성적 관계를 전혀 맺지 않았을 것으로 믿어 의심치 않는 추한 처녀가 임신한 것을 단서로 제시하기도 한다. 나아가 그들은 트로브리안드 사회처럼 혼전 성 관계가 매우 자유롭게 허용되는 곳에서 많은 처녀들이 성 관계를 갖더라도 임신이 안된 이유는 바로 성 행위와 임신 사이에 인과관계가 없기 때문이라고 주장한다.

　사실상 트로브리안드 사회에서 처녀가 임신을 하는 것은 사회적으로 매우 불명예스러운 것으로 간주된다. 하지만 처녀의 임신 자체가 성 행위와 임신의 인과관계를 입증하는 것 같지는 않다. 이를테면, 약혼을 한 처녀가 약혼자와 배타적으로 성 관계를 맺고 임신을 했더라도 약혼자가 약혼을 파기하는 경우가 있다. 이는 그가 태아의 유전적 친부(親父)임을 인지하지 못한다는 것을 의미할 수 있다. 또한 어떤 남편은 1년 넘게 집을 떠나 있다가 돌아와서 임신한 아내를 접하고는 혼외정사를 의심치 않는 것도 그러한 인과관계에 대한 무지를 뒷받침하는 듯하다. 혼전에 자유로운 성 관계가 허용되는 트로브리안드 사회에서 혼전 임신이 불명예스러운 것으로 여긴다는 것은 다분히 모순되는 일인 듯하다. 하지만, 말리노프스키에 따르면, 혼전 임신의 발생 빈도는 1%에 불과하며, 사생아는 즉시 모계 씨족에게 입양됨으로써 사회적 문제를 그다지 야기하지 않는다고 한다. 그리고 혼전 임신은 트로브리안드 원주민이 믿고 있는 생식 이론과 관련해서 모순을 야기하지도 않는다고 본 듯하다.

결국 트로브리안드 사회에서 부친권(父親權)은 오직 혼인을 통해 획득될 수 있으며, 전적으로 법적 혹은 사회적 영역에 속한 것이다. 성 행위와 임신 사이의 인과관계가 인식되지 않는 상태에서 유전적 혹은 생물학적 개념의 부자녀(父子女) 관계나 부친권이란 존재하지 않는 셈이다.[7]

의례적 교환 체계 – 쿨라

트로브리안드 민족지에서 특기할 만한 또 다른 문화적 요소는 『서태평양의 항해사들』에서 집중적인 조명을 받은 의례적 교환 체계인 쿨라이다.

쿨라는 뉴기니 섬 동쪽의 트로브리안드 군도를 포함한 작은 섬들 사이에서 이루어지는 부족 간 교역 체계로서, 다분히 의례적인 성격을 지니고 있다는 점에서 매우 특이한 현상이다. 우선 교역의 필수적인 매개체는 실질적 가치가 작을 듯한 두 종류의 장식물이 된다. 그 하나는 붉은 조개껍질로 만든 긴 목걸이로서 술라바라고 불린다. 다른 하나는 흰 조개껍질로 만든

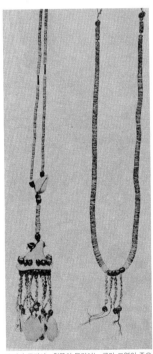

술라바 목걸이 : 왼쪽의 목걸이는 쿨라 교역의 중요한 매개체가 되고 있지만, 오른쪽의 목걸이는 최근 제작되어 아무런 역사적 의미를 지니고 있지 않기 때문에 쿨라 교역에서 그다지 중요한 의미를 갖는 매개체가 되지 못하고 있다.

팔찌로서 무왈리라고 불린다. 이러한 장식물들은 특별한 축제나 의례 때 걸치게 되는데, 장식적 가치를 넘어서 각기 부여된 이름과 역사적 의미에 따라 가치가 달라진다.

쿨라 권역은 광활한 면적을 포함하는데, 여기에 포함된 섬들은 인근에 위치한 섬들과 교역의 파트너가 되기 때문에, 다양한 모양의 폐쇄적 회로망이 구역마다 형성되어 전체의 권역망을 구성한다. 이런 회로망을 따라 두 종류의 장식물은 언제나 서로 다른 방향으로 전달된다. 전체적으로 볼 때, 술라

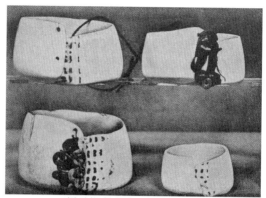
마감 처리를 한 다양한 크기의 무왈리 팔찌들.

바는 시계 방향으로 전달되는 반면, 무왈리는 역 시계방향으로 돈다. 결국 두 부족 사이에 교역이 이루어질 때, 술라바를 증여하는 부족은 파트너로부터 그에 상응하는 가치를 가진 무왈리를 받거나 혹은 나중에 받을 것을 기대하게 된다.

쿨라는 부족 간에만 이루어지는 것은 아니다. 부족 내부적으로도 개개인 사이에 쿨라의 파트너 관계가 생겨나서 다양한 모양의 망을 형성할 수 있다. 평민은 몇몇 정해진 파트너가 있지만, 족장은 수백 명에 달하는 파트너를 가지기도 한다. 쿨라의 파트너 간에는 서로 신뢰와 의무 관계가 맺어진다. 쿨라 교환에서 만일 받은 물품에 걸맞지 않은 물품을 증여한다면 사회적 위신이 실추될 수 있다. 그렇지만 쿨라 교환은 결코 물질적 가치를 고려하고 흥정이나 타협을 통해 이루어지는 물물교환(barter)이 아니라 상호 증여에 속한다.

쿨라 교역에서 술라바 목걸이를 족장에게 증여하는 의례적 절차의 모습을 볼 수 있다.

쿨라 교환에서 받는 시점과 증여한 시점 사이에는 짧은 시
차가 존재할 뿐이지만, 간혹 두 시점 사이에 시간적 간격이 길
어질 수도 있다. 하지만 쿨라의 매개체는 영구히 소유할 수 없
는 것이며, 길어야 1~2년 보유하다가 다시 순환되기 마련이
다. 종종 지나치게 오래 정체될 경우 비난이 뒤따를 수 있다.
간혹 높은 가치를 지닌 매개체가 특정 인물의 수중에 있고 또
어느 정도 시간이 지났다면, 그의 파트너들은 그것을 증여받
기 위해 적극적으로 간청하기도 한다. 이럴 경우 그들은 우선
돼지나 바나나 혹은 참마 등의 공물을 보내어 환심을 보인 후,
증여받고자 하는 쿨라의 매개체에 합당하는 의례적 장식물을
먼저 증여한다.
쿨라 교역에서는 두 종류의 장식물 외에 각 부족의 특산물
－토기, 석기, 조개 장식물 등－이 서로 교환되기도 한다. 하
지만 카누의 규모를 볼 때, 커다란 경제적 의미는 없어 보인

다. 더욱이 쿨라 교역은 물질적 수요와는 무관하게 이루어진다. 이런 점에서 쿨라 교역은 경제적인 의미보다는 의례적인 의미가 강한 교환 체계이다.

쿨라 교역을 위한 항해

말리노프스키는 직접 쿨라 항해단을 따라 모든 섬들을 방문하지는 않았다. 다만 한 차례 항해단에 참여할 기회가 있었지만, 그 항해는 공교롭게 역풍이 불어서 실패로 돌아갔고, 항해의 실패가 그의 탓으로 돌려지기도 했다.[8] 부족 간에 이루어지는 쿨라 교역은 대체로 족장을 중심으로 수행된다. 쿨라 교역망의 한 구역을 점하고 있는 트로브리안드 군도의 키리위나 섬을 지배한 족장은 말리노프스키가 거주하던 오마라카나에 살았다. 그래서 말리노프스키는 오마라카나를 중심으로 쿨라 교역이 수행되는 준비 과정들을 세세하게 목격할 수 있었다.

『서태평양의 항해사들』은 특히 민족지 서술 방식에서 매우 흥미로웠다. 말리노프스키는 쿨라 교역이 이루어지는 섬들과 그 원주민들을 간략하게 기술하는 것을 시작으로, 독자들이 마치 쿨라 항해를 직접 목격할 수 있게 하는 방식으로 민족지를 전개해 나갔다. 우선 그는 자신이 거주했던 트로브리안드 군도의 원주민들에 대해 간략하게 기술하고는 쿨라 교역의 윤곽을 제시했다. 그 후 그는 본격적으로 쿨라 교역이 준비되는 과정을 세세하게 기술하기 시작했다. 그는 쿨라 교역을 위한 카누 제작 과정을 살펴보기 전에 카누의 사회적 의미, 카누의 종류, 카누 제작에 투입되는 노동의 조직 그리고 소유 관계를 두루 언급했다. 이와 함께 실제로 카누를 제작하는 과정을 두 단계로 나누고, 제작 방식과 각 단계에 결부된 주술 그리고 그 관념적 배경이 되는 신화 등을 기술했다. 그 다음에는 카누의 진수식과 인근 지역으로의 의례적인 항해 방문을 기술했다. 여기서 그는 국지적인 교역의 의미를 찾아보고는 물질적 부에 대한 원주민의 관념 체계를 교역의 동기, 교역의 형식 그리고 그 대상이 되는 물품의 종류와 연계해서 파악했지만, 교역의 규모나 그 필요성에 대한 언급은 아쉽게도 부재했다.

　민족지에 나타나는 본격적인 쿨라 항해는 트로브리안드 군도의 시나케타 지역에서부터 시작되었다. 여기서 말리노프스키는 족장과 항해단의 사회적 관계를 언급했고, 항해의 시작과 결부된 주술과 의례를 살펴보았다. 그리고 무와 해변과 피

카누가 돛을 달고 떠나는 모습. 이 배에는 18명이 타고 있으며, 다양한 물품을 실을 수 있다.

교역의 증여 물품인
술라바가 운송되는 모습.

롤루 해변에 중간 기착하는 과정을 보여주고 나서는, 항해 도중 난파된 배의 전설과 관련된 '나는 마녀(flying witches)'에 관한 이야기를 하면서, 이와 연계된 주술과 금기 등을 언급했다. 그리고는 이 항해의 주요 목적지인 암프렛 군도의 구마실라에 도착한 후 이루어지는 교역의 절차를 보여주었다. 여기서 쿨라 파트너 관계의 성격과 역사를 예시하면서, 암프렛 군도 원주민의 경제를 소개했다.

항해단은 마지막 목적지인 도부 섬을 향해 구마실라를 떠났다. 말리노프스키는 항해단이 중간 기착지인 사루부요나 해안에 닿기 전에 쿨라 교역과 관련된 신화를 장황하게 늘어놓았고, 다양한 분석을 시도했다. 마침내 항해단은 도부 섬에 닿았다. 여기서 항해단은 환대를 받았고 다양한 선물을 주고받았다. 항해단은 귀향하는 도중에 사나로아 개펄에 들러서 조개를 채집했다. 이 조개의 껍질로 쿨라 교역의 매개 장식물을 제작하는 방식이 또한 기술되어 있다.

쿨라 교역에서 호스트(host)는 방문자에게 답방에 대한 약속을 하는 것이 관례였다. 트로브리안드 원주민 항해단의 마지막 종착지인 도부 섬의 원주민은 그 약속을 지키기 위해 답방 항해를 했다. 그 일정은 다음과 같다. 그들은 1917년 10월부터 1918년 2월 사이에 카누를 건조했고, 시험적인 진수식을 거행한 뒤, 3월 25일경 본격적인 답방 항해를 시작했다. 항해단은 3월 31일경 암프렛 군도에 기착한 후, 여기서 역시 답방을 약속했던 암프렛 원주민 항해단과 합류해서 트로브리안드 군도의 시나케타를 향해 떠났다. 4월 6일경 항해단은 시나케타에 도착하여 쿨라 교역을 하고는 4월 10일경 이곳을 떠났다. 이렇게 볼 때, 항해 일정은 그다지 길지 않지만, 준비 과정을 포함하면, 대략 반년의 시일이 소요되는 것을 알 수 있다.

마지막으로, 말리노프스키는 쿨라와 주술을 종합적으로 기술한 후, 트로브리안드 군도 내 여러 지역 사이에서 이루어지는 쿨라 교역을 소개했다.

이처럼 쿨라 교역 체계는 사회적 호혜성의 원리에 따라 개

해안을 따라 80척에 달하는 카누가 정박해 있다. 이는 쿨라 교역이 키타바, 보요와, 암프렛 그리고 도부 등 군도의 여러 부족들을 집결시키는 사회적 효과도 있음을 나타낸다.

개인뿐 아니라 여러 부족들이 더 큰 공동체 아래서 의례적으로 결속된다는 사실을 잘 보여준다. 또한 그것은 물질문화의 수집과 조사에 국한되었던 그 당시 민족학적 연구를 넘어서, 단순한 원시 공산체로 여겨졌던 부족 사회의 복잡한 경제적 실상을 다양한 사회적 가치와 규범 그리고 개개인의 다양한 행위 동기를 여러 사회적 맥락 속에서 보여줌으로써 경제인류학의 효시가 되었다.

나아가 말리노프스키 자신은 『서태평양의 항해사들』에서 독자들에게 보여준 기능주의적 방식이 민족지 기술의 새로운 방법론으로 승화될 것이라고 예언적인 암시를 했다. 그리고 이 방법론을 자신의 세미나에 참여한 대학원생들에게 전파함으로써 기능주의 학파의 대부가 되기를 바란 듯하다.

에번스−프리처드의 『서태평양의 항해사들』에 대한 비판

그럼에도 불구하고 그 세미나에 참여했던 에번스−프리처드는 『서태평양의 항해사들』이 일종의 소설과 같으며, 쿨라의 사회학적 의미를 제시하는 데 실패했다고 회고한 바 있다. 그에 따르면, 쿨라의 의미를 알기 위해서는, 이를테면, 누가 누구와 교역하고, 지역 공동체 간에 어떤 정치적 관계가 맺어져 있고, 마을 공동체가 어떤 인적 구성을 나타내고 또 그 중 누가 교역에 참여하는지를 알아야 한다는 것이다.[9] 그런데 말리노프스키는 이런 자료들을 치밀하게 수집해서 쿨라의 사회학적 의미를 구명하기보다는, 오히려 쿨라 교역과 결부되었지만 따로 취급해도 무방할 만한 다양한 부문의 자료들을 600쪽에 달할 정도로 길게 뒤죽박죽 섞어 놓았다는 것이다. 반면에 에번스-프리처드는 쿨라의 민족지는 50여 쪽으로 충분하다고 보았다.

심리학적 관심의 지속과 과잉

심리학적 관심

　말리노프스키는 인류학에 입문하면서 심리학적 관심을 지속적으로 견지했다. 민족지 조사 자료에서 나타나듯이, 말리노프스키의 최대 관심사의 하나는 원주민 개개인의 심리였다. 위에서 살펴보았듯이, 임신에 대한 트로브리안드 원주민의 관념을 밝혀나가는 과정에서 말리노프스키는 정보 제공자의 답변을 결코 단순하게 받아들이거나 당연시하지 않았다. 그는 집단 차원의 믿음이 과연 개인들 사이에서 일관적으로 받아들여지고 있는지 그리고 다양한 상황에서 그 믿음이 유효한지를 적극적으로 점검한 것이다. 이를 위해 그는 다른 모순적 사실이나 상황을 제보자에게 제시하면서 논쟁을 이끌어나갔다. 이러한 접근 자세는 향후 인류학의 민족지 조사에서 기본 지침이 되었다.

민족지 조사를 수행하면서 말리노프스키는 원주민 개개인이 실제로 행하는 것, 그들이 행한다고 여겨지는 것 그리고 그들이 생각하는 것을 구분하여, 원주민 개개인의 야망과 목표 그리고 행위 동기들을 규명하려고 노력했다. 그 당시에는 야만적인 원주민은 자신의 욕구를 충족하려는 동기만을 지니고 있다는 선입견이 있었다. 하지만 말리노프스키는 쿨라 체계는 교환에 사회적 혹은 의례적 규범이 있다는 것과 더욱이 물질적인 부가 사회적 지위와 비례하더라도 족장은 언제나 물질적으로 베풀면서 관대함의 미덕을 추구한다는 것을 보여주었다. 또한 원주민이 무조건 자기 욕구만을 충족하거나 이익을 추구하기보다는 문화적으로 규정된 비(非)물질적 가치를 신봉하고, 호혜의 원리에 따라 행동한다는 것을 밝혔다.

나아가 말리노프스키는 기능주의자로서 『야만 사회에서의 죄와 관습 Crime and Custom in Savage Society, 1926』이라는 저술에서 원시 사회의 법 체계를 탐구하면서, 법을 강제하는 기구가 부재한 원시 사회에서 법이 준수되거나 질서가 유지되는 심리적 이유를 캐물었다. 그 당시 인류학자들은 단순히 습관이나 다수의 견해가 힘으로 작용하기 때문에 관습이 준수되고 사회적 질서가 유지된다는 기계론적 설명을 신봉했다.

그러나 말리노프스키는 문명 사회와 마찬가지로 원시 사회에서도 개개인이 사회적 규범을 위반하는 경우가 허다하다는 것을 보여주었다. 그는 수많은 행위를 관찰하면서 원주민 개개인의 계산적 합리성과 자주성을 간파했다. 그들은 자신의 의무를 회피해도 무방한 상황에서 그렇게 할 뿐 아니라, 심지어 사회적 규범을 자신에게 유리하게 조작하기도 했다. 이런 점에서 트로브리안드 원주민과 서구 현대인의 심리적 구조는 그다지 다르지 않았다.

이처럼 말리노프스키의 심리학적 관심은 민족지 조사에서 생생하고 풍부한 자료를 수집하는 데 효과적으로 기여했다. 나아가 그의 심리학적 성향은 트로브리안드 군도의 조사 자료를 바탕으로 작성된 주술과 종교 의례 그리고 신화에 관한 논문과 저술에서도 지속되었다.

「주술, 과학 그리고 종교」

말리노프스키는 트로브리안드 현지 조사에서 주술에 관한 다양한 자료를 수집하였고, 자신의 민족지 저술의 상당 부분을 주술에 관한 기록에 할애했다. 이를테면, 그는 농경이나 어로와 같은 경제생활과 결부된 주술적 의례, 치료를 위한 주술, 가해 주술과 그것에 대항적인 주술, 심지어 춤을 탁월하게 추기 위해서 그렇게 추는 사람을 다른 사람들의 질시로부터 보호하기 위한 주술 등을 세세하게 기술하였다. 이에 비추어 트로브리안드 사회의 종교는 그다지 풍요롭지 않은 듯했다.

여하튼 그는 1925년 「주술, 과학 그리고 종교 *Magic, Science and Religion*」라는 긴 논문에서, 종교와 더불어 주술에 관한 자신의 이론을 제시하였다. 여기서 그는 세속적인 영역과 성스러운 영역을 구분하고, 성스러운 행위는 경외감이나 두려움을 동반한다는 기존의 이론을 답습하면서, 종교와 주술에 대한 구분을 시도했다.

그에 따르면, 종교적 의례는 외적인 목적을 지니지 않고 그 자체로서 자족적인 행위인 반면, 주술적 의례는 외적인 목적을 달성하기 위한 것이다. 이를테면, 트로브리안드 사회에서 출생 의례, 성인식, 장례 등은 종교적 의례로서, 그 행위를 통해 달성하려는 어떠한 외적인 목적도 갖고 있지 않다. 이와 달리, 농경이나 어로 의례는 풍요나 안전을 확보하려는 주술적 의례에 속한다.

하지만 말리노프스키는 두 의례가 심리적 차원에서 동일하다고 보았다. 왜냐하면, 두 의례의 기능은 본질적으로 카타르시스를 위한 것이기 때문이다. 이를테면, 종교가 죽음과 같은 삶의 위기 상황에서 발생하는 긴장이나 불안을 극복하기 위한 것이라면, 주술은 경험적 혹은 과학적 지식이 없는 상태에서 실제 삶에서 닥치는 어려움으로 인해 생겨난 감정적 스트레스를 극복하는 데 기여할 수 있다는 것이다. 이런 점에서 종교와 주술은 생존에 필수적인 셈이다.

이처럼 주술과 종교에 대한 말리노프스키의 이론은 매우 단순한 것이었다. 이에 부합하는 듯, 트로브리안드 사회의 주술이나 종교에 관한 그의 기술도 매우 단조롭다는 평가를 받았다. 그는 주술이나 종교를 심리학적으로 설명하려고 하면서도, 언제나 실용적인 관점을 견지했다. 그런 관점에서 주술이나 종교의 의례 행위에 관해 세세하게 관찰하고 들은 사실들을 단순히 나열하고는 언제나 인간의 보편적 심리에 준한 설명으로 비약했다. 아쉽게도 그 과정에서 그는 비교 문화적 시각을 도입하지 않았다. 그 결과 그는 주술이나 종교 의례와 같은 매우 관념적인 현상에서 트로브리안드 원주민의 고유한 심리적 상태와 변화를 깊이 들여다보거나, 특유의 문화적 의미를 찾아내려는 노력을 게을리 하고 말았다. 오히려 그런 현상들은 모두 인간에게 동일한 혹은 유사한 심리적 기능을 단순히 수행할 뿐이라고 치부하고 말았다.

『원시적 심리에서의 신화』

나아가 말리노프스키는 『원시적 심리에서의 신화 *Myth in Primitive Psychology*, 1926』라는 저술에서도 여전히 심리학적 시각을 견지하면서 자신의 신화론을 펼쳐나갔다. 그는 종교와 주술이 궁극적으로 신화적 전통에 근거하고 있다는 점에서 원시 문화에서 신화의 중요성을 특히 강조했다. 그에 따르면, 주술과 종교에 대한 믿음은 인간의 심층적 욕구, 두려움과 바람 그리고 열망이나 감정과 밀접히 연계되어 있는데, 신화는 바로 이러한 믿음을 설명하고 강화하는 기능을 수행한다는 것이다. 더욱이 신화는 사회적 윤리를 옹호하고 주술과 종교 의례의 실효성을 보증함으로써 개인의 행위에 실질적인 규칙을 제공하기도 한다. 이런 점에서 신화는 원시적 신앙과 도덕적 지혜의 실용적 강령(charter)이 되는 셈이다.

당시에 종교와 주술에 관한 말리노프스키의 심리적 이론은 독창성이 없고 지나치게 단순하다는 비판을 받았다. 그러나 자연 현상에 대한 과장된 표현이거나 원시 과학의 일종이라는 종전의 신화에 대한 인식을 거부하고, 철저하게 실용적인 차원에서 신화가 사회적으로 기능하는 측면을 구명해야 한다는 말리노프스키의 주장은 매우 독창적인 것이었다. 이런 관점에서 그는 이해하기 어렵고 단순한 텍스트(text)에 불과할지 모르는 신화가 누구에 의해 어떤 사회적 상황에서 누구에게 어떤 방식으로 암송되는지를 밝혀주는 실제 맥락, 즉 콘텍스트(context)에 주목해야 한다고 보았다. 오직 이런 맥락을 통해서만 신화의 기능적 의미가 밝혀질 수 있다고 본 것이다.

이처럼 민족지 조사에서 기능주의를 강조하고 다양한 사회적 맥락을 파헤침으로써 문화의 사회심리학적 의미를 파악하려는 말리노프스키의 접근 방식은 민담이나 전설 그리고 신화의 영역에 적용되었다. 그럼으로써 그는 죽은 혹은 껍데기만 남은 신화보다는 살아서 숨쉬는 신화를 발굴하려고 노력했다.

그러나 말리노프스키는 민담, 전설, 신화의 삼분법을 제시하고 그 중 신화가 특히 신성한 성격과 심각한 주제의 텍스트임을 강조했지만, 그가 제시한 신화의 사례들이 모두 신성한 성격을 띤 것은 아니었다. 더욱이 그가 언급한 많은 신화들이 특정한 의례와 결합되지 않았다는 사실은 살아 숨쉬며 기능하는 신화에 대한 기대에 어긋나는 것이기도 했다. 오히려 신화와 의례의 결합은 우연한 결과인 것처럼 보였다. 나아가 어떤 텍스트는 매우 중요한 신화의 번안임에도 불구하고 단순한 민담으로 간주되는 오류가 나타나기도 했다. 이런 점에서 그의 분류 체계가 과연 적절한 것인가 하는 의구심이 들었고, 이런 상태에서 밝혀진 신화의 콘텍스트가 각별한 의미를 던져주기를 기대하기는 어려웠다.

『야만 사회에서의 성과 억압』

아마도 말리노프스키의 심리학적 접근의 백미는 『야만 사회에서의 성과 억압 Sex and Repression in Savage Society, 1927』이란 저술에서 문화와 본능의 관계를 탐구하면서, 그 당시 프로이트의 정신분석학 이론을 민족지를 통해 반박하려고 시도한 것이라고 여겨진다. 그는 프랑스 사회학의 대부인 뒤르켐(Emile Durkheim)의 이론을 노골적으로 부정하면서, 인간 혹은 인간의 문화적 행위를 이해하려면 구체적인 행위자 개개인의 심리를 무시할 수 없다고 보았다. 오히려 그는 맥두걸(William McDougall)과 샨드(Alexander Shand)가 각기 제시한 본능(instinct)과 정서(sentiment) 이론을 받아들였고, 1920년대 부각되던 프로이트의 정신분석학을 비판하고 나섰다. 그는 프로이트의 문화 기원에 관한 오이디푸스 콤플렉스(Oedipus Complex) 이론을 민족지 자료에 근거해서 반박했고, 대안적인 인류 문화의 심리적 보편성을 재정립하려고 했다.

프로이트와 마찬가지로, 말리노프스키는 성과 권위의 문제가 문화의 출현에 필연적으로 결부되었다고 보았다. 성(sexuality)은 인간의 본능 중 가장 통제하기 어려운 만큼, 그것을 통제하는 근친상간 금기는 가족의 붕괴로 인한 사회적 혼돈을 극복할 수 있는 방법이라고 여겨졌다. 또한 동물의 세계에는 없는 새로운 유형의 사회적 관계인 권위 체계를 유지하기 위해서는 권위에 대한 반발을 억제할 필요가 있었다. 이런 관점에서, 프로이트는 인류의 집단 무의식에 존속하는 오이디푸스의 원죄적 살인에 대한 기억과 회오 그리고 여기서 비롯된 이중적 태도에 대한 반응의 결과, 근친상간 금기, 가부장제, 토템 숭배 그리고 사회적 윤리와 같은 인류 문화의 기본적 요소들이 발생했다고 보았다.

반면 말리노프스키는 샨드의 이론에 입각해서 인간의 심리를 본능과 정서로 이분하고, 이에 상응해서 동물적 상태의 인간과 문화적 단계의 인간을 설정했다. 그리고 문화란 동물적 상태의 인간 본능이 다양한 사회적 기제에 의해 변형된 결과 나타난 심리적 정서라고 보았다(Malinowski, 1927). 그는 가족 성원들 사이에 존재하는 권위 체계도 인간이 단순한 동물적 본능에서 벗어나 문화적 정서로 결합된 가족을 형성하는 과정에서 생겨난 사회적 기제의 산물로 인식했다.

이렇게 볼 때, 모계 사회인 트로브리안드 사회에서 권위가 외숙에게 부여된다는 사실은 가족의 형성 과정에서 조직의 변이가 있을 수 있었음을 의미한다. 말리노프스키가 보기에 오이디푸스 콤플렉스란 가부장제 사회에는 부합될지 몰라도 인류 문화에는 보편적으로 적용될 수 없었고, 결국 문화의 발생에 선행해서 그 절대적 기원이 될 수도 없었다.

이처럼 말리노프스키는 사회심리학적 시각에서 인류 문화의 보편적 이론을 정립하려고 시도했다. 그런데 그는 점차 미국 행동주의 심리학의 영향을 받으면서, 문화 이론의 패러다임을 본능과 정서에서 요구와 필요(need and necessity)로 전환했다. 이에 따라, 그는 1930년대 후반 새로운 문화 이론을 제시했는데, 이것은 그의 사후 출간된 『문화의 과학적 이론 *A Scientific Theory of Culture and Other Essays*, 1945』에 잘 집약되었다.

『문화의 과학적 이론』

말리노프스키의 새로운 문화 이론에 따르면, 모든 인간은 기본적으로 주어진 삶의 조건, 즉 성욕이나 생식욕 혹은 식욕 등 일곱 가지의 생체적 요구(biological need)를 가지고 있으며, 모든 문화는 다양한 변이에도 불구하고 필연적으로 그것들을 충족하는 방향으로 반응하게 되어 있다. 그런데 이러한 문화적 반응은 조직적인 집단 활동을 통해 일어나는 까닭에 단순히 생체적 요구에 부응하기보다는 간접적인 경로를 통해 이루어지기도 한다. 이는 인간 집단이 생체적 요구에 대한 문화적 충족 과정에서 도구적인, 혹은 상징과 통합의 필요성과 같은 이차적 요구(derived need)를 파생시키기 때문이다. 이에 따라, 각 사회 집단은 이차적인 문화적 반응을 하게 되며, 결국 이것은 각 문화마다 독자적인 원리를 가지고 다양하게 나타날 수밖에 없는 것이다.

인간과 문화에 대한 이 같은 보편주의적 관심은 그가 이미 1922년에 인간의 정신적 그리고 사회적 성격에 대한 보편적 과학의 필요성을 촉구하고, 그 과학을 신(新)인본주의(The New Humanism)로 명명한 데서 알 수 있듯이, 오래 전부터 지속되어 온 것이다. 그의 문화 이론은 이 같은 보편주의적 관심의 연장선상에서 정립된 것인데, 여기서 그는 개념적으로 상충되는 듯한 생체적 결정론(Biological Determinism)과 문화적 결정론(Cultural Determinism)을 기능적으로 혼합시켰다. 그는 자신의 문화 이론에서 인류의 문화가 인간의 본능과 욕구에 기초하고 있다는 생물심리학적 시각에서 성욕이나 생식욕 혹은 식욕 등 몇몇의 기본적 문화 범주를 설정했다. 그리고 이 범주 체계 위에서 다양한 문화 요소들을 위계적으로 분류·열거하고, 그것들이 상호 기능적 관계를 가지고 사회적으로 통합되어 있다고 주장했다.

그러나 이 문화 이론은 인간의 본능과 욕구에 대한 지극히 상식적이고 자의적인 분류에 기초한 것이며, 그가 상정한 다양한 문화 요소나 제도의 기능적 통합성은 다분히 직관에 의존한 가설에 불과했다. 또한 문화의 보편적 이론은 인간의 생물심리학적 성격에 기초한 만큼 그의 문화 결정론은 환원론적이었으며, 민족지 현실과는 동떨어진 매우 추상적인 언급에 그칠 뿐이었다. 그럼에도 불구하고, 그는 자신의 보편주의적 문화 이론이 인류 문화의 핵심적 본질을 파헤치고 그 보편적 골격을 밝힘으로써 문화를 총체적으로 기술하는 민족지 조사에 기본 지침을 제공할 것이라고 기대했다. 하지만, 인간의 기본적인 생물심리학적 요구에 기초한 기능주의적 문화 이론은 그 당시의 인류학이라는 특수한 분야에서 요구되던 작업의 성격에 부합하지 못했고, 오히려 그의 학문적 발달에 부정적인 영향을 미쳤다. 말리노프스키는 종종 구체적인 민족지 자료에서 지나친 논리적 비약을 하여 일반화시키는 경향이 있다고 비난을 받기도 했다.

심리학적으로 편향된 이론의 취약성

여하튼 말리노프스키는 일찍부터 인간과 문화의 심리학적 측면에 대해 가진 깊은 관심을 다양한 ·방식으로 표출했지만, 그런 가운데 그의 학문 역정에는 균열의 조짐이 나타났다. 그는 심리학적 관심을 견지하면서 가족 내 심리적 역학을 중시한 반면, 가족보다 더 큰 규모의 친족 집단이나 범주, 이를테면, 씨족(clan), 분족(section), 출계 집단(lineage), 혼인 범주(marriage class) 등에 대해서는 다분히 등한시하고 말았다. 오히려 가족 내에서 벌어지는 구체적 행위와 심리적 역학이 친족의 '피와 살'이 된다는 시각에서, 그는 사회구조를 유형화해서 비교하는 기존의 친족 연구 경향을 '친족의 산수학' 혹은 '분류에의 편집증'이라고 매도했다. 그런데 그 당시 친족 연구는 전통적으로 인류학의 최대 주제였고, 모건(Lewis H. Morgan)에서 리버스(W. H. R. Rivers)로 내려오는 친족 연구의 계보는 결국 말리노프스키보다는 래드클리프-브라운으로 이어지고 말았다. 이와 더불어 말리노프스키의 심리학적으로 편향된 이론과 방법론은 민족지 자료를 비교하고 분석하는 영역에서 취약성을 드러내고 말았다. 그렇지만 그의 학문적 실패는 무엇보다도 그가 촉구한 문화 변동 연구에서 노골적으로 드러나기 시작했다.

문화 변동 ^{연구와 실패}

말리노프스키는 트로브리안드의 민족지를 저술하는 동안, 특히 1930년대로 접어들면서, 자신의 기능주의적 문화 이론을 일단 체계화했다. 그는 1924년부터 정식으로 재직하기 시작한 런던 대학에서의 세미나를 중심으로 그 당시 촉망받는 인류학도를 끌어 모아 자칭 기능주의 학파를 형성하면서 자신의 권위와 명성을 인류학계에 보다 공고히 해 나갔다. 그 과정에서 그의 학문 역정에서의 전환기적 사건이 일어나는데, 그것은 다름 아닌 국제 아프리카 언어와 문화 연구소(International Institute of African Languages and Cultures, 이후에는 줄여서 '아프리카 연구소')의 설립(1926년)이었다. 이 연구소의 설립에 뒤이은 록펠러 재단의 후원은 아프리카 지역의 인류학 조사를 재정적으로 뒷받침해 주었다. 이에 발맞추어 말리노프스키는 응용인류학의 기치를 내걸고 연구소를 중심으로 해서 제자들을 아프리카 토착 사회의 문화 변동이라는 새로운 조사 영역으로 끌어들였다. 그러나 이 과정에서 자신이 상당 기간 갈고 닦아온 문화 이론은 오히려 모순과 한계를 드러냈고, 그 동안 쌓아 온 그의 권위마저 쇠퇴의 길로 접어들기 시작했다.

실용주의적 인류학

말리노프스키는 자신의 학문 역정 후반기에 걸쳐 인류학의 응용에 대해 지속적인 관심을 보였다. 사실상 그는 트로브리안드 섬에서 돌아온 후 일찍부터 인류학은 인간의 문제 해결에 봉사하는 실용적인 과학으로 발전되어야 한다고 역설했다. 그에게 있어 응용인류학과 이론적이며 학문적인 인류학은 별개의 영역이 아니었다. 모든 이론이 실험을 통해 입증되어야 한다면, 식민 통치의 상황은 인류학의 실험대가 되었다. 이러한 상황에서 그는 인류학이 특히 문화 변동 상황을 체계적으로 조사하여 식민 통치 및 행정이 보다 원활히 이루어지도록 자문할 수 있는 실용 과학으로 발전해야 한다고 생각했다. 이 같은 응용적 관심은 아프리카 연구소가 발족한 직후인 1929년과 1930년에 연구소의 학술지에 기고한 논문에 잘 나타난다. 여기서 그는 식민 행정의 합리화가 절실히 필요하다는 점을 강조했다.

말리노프스키는 아프리카 연구소 발족 직후 자신의 주장을 실천하기 위해 아프리카 연구소를 중심으로 제자들을 조직적으로 훈련시켜 아프리카의 여러 토착 사회들에 투입했다. 그 과정을 메이어(Lucy Mair)는 나중에 다음과 같이 일목요연하게 기술했다. "아프리카 연구소의 입문 연구원은 작업에 착수하기 전 일년 동안 말리노프스키 밑에서 훈련 과정을 거쳤고, 두 차례의 현지 조사 사이에는 런던에 돌아와서 그의 세미나 토론에 참석해야 했다. 예비적 훈련은 그의 일반적 이론에 준해 시행되었으며, 그의 제자들은 그 이론을 응용해서 토착 사회에 외부적 영향이 주는 효과를 살필 수 있는 고유한 방법론을 각자 개발해야 했다."

그러나 말리노프스키의 기대와는 달리, 그들은 기능주의 이론을 문화 변동에 응용하는 데 상당한 어려움과 혼돈을 겪었다. 이것은 아프리카 연구소를 중심으로 그의 제자들이 1931년부터 착수한 조사 결과 보고서인『아프리카 문화 접촉 연구의 방법 *Methods of Study of Culture Contact in Africa*, 1938』에서 잘 드러나 있었다. 여기서 그는 그들의 연구 결과에 대해 신랄한 비판을 가했다. 이와 더불어 그는 나름대로 문화 변동 연구의 기본 지침을 제시했다. 그럼에도 불구하고, 다수의 제자들은 점차 기능주의 이론의 모순과 한계를 인식했고, 그를 떠나기 시작했다.

문화 변동 연구의 기본 지침

말리노프스키가 아프리카 연구소의 1938년 보고서 서론에서 밝힌 문화 변동 연구의 기본 지침은 다음과 같이 요약될 수 있다. 우선, 아프리카 토착 사회와 관련된 문화 변동 상황은 유럽 문화, 아프리카 토착 문화 그리고 이 두 문화가 상호 작용해서 새로이 출현한 복합 문화의 세 국면으로 나뉜다. 여기서 복합 문화란 단순히 두 문화 요소들의 기계적인 혼합체가 아니며, 비록 본인 자신도 구체적인 설명을 하지 않았지만, 자체의 고유하고 독립적인 존재 및 발달의 원리를 지닌 것이다. 둘째, 식민 사회 체계의 연구는 백인의 영향력과 야망이나 의도, 토착 사회에 보전된 전통의 형태 그리고 문화 접촉과 변화 과정의 세 요소로 구성되어 있다. 셋째, 이런 상황은 어느 정도 장기간의 사회적 진화를 거쳐 평형에 도달한 문화를 대상으로 하는 기존의 기능주의 이론과는 양립할 수 없다. 즉, 문화 변동은 하나의 통합적 전체성이라는 틀로써 연구될 수 없다는 것이다. 그럼에도 불구하고, 그는 기본적으로 기능주의적 시각을 고수하면서 다음과 같이 지적했다. "그러나 나는 문화 접촉 연구에서 기능주의의 포기를 옹호하지는 않는다. 오히려 그것은(문화 접촉 연구는) 동일한 방법론의 보다 복잡한 유형으로서, 하나의 문화보다는 세 개의 상호 의존적인 국면과 관계해서 의존 변수들의 상호 관계 및 기능적 변이들을 연구하는 것이다." 넷째, 이러한 기능주의적 관점은 철저히 문화 접촉의 영점(zero-point) 추구, 즉 문화 접촉이 개시된 시점의 역사적인 상황을 밝히려는 시도를 거부한다. 왜냐하면 기능주의적 시각은 그 성격상 공시적(共時的)인 까닭에 역사적 시각을 필요로 하지 않으며, 오히려 아프리카 토착 사회와 같은 무문자(無文字) 사회의 경우, 역사 재건 작업은 실효성이나 그 결과에 대한 신뢰성이 매우 낮고, 현실적 자료를 철저히 수집하는 데 장애를 가져올 수 있기 때문이다. 요컨대, 기능주의와 관련해서, 말리노프스키는 "접촉 상황을 하나의 통합된 전체로 연구하는 방식은 응당 기능주의자에게 호소력이 있다. 우리가 하나의 역동적이며 역사적인 과정으로서 변화에 초점을 특정적으로 맞추지 않는 한, 그 접근 방식은 제한된 범위 내에서 오히려 적법한 것"이라고 본 것이다.

문화 변동의 '과정'

이에 비추어 볼 때, 말리노프스키 자신이 문화 변동의 '과정(process)'에 대한 연구를 강조했다는 것은 어색할는지 모르겠다. 즉, 통시적(通時的) 비교의 준거점이 부재한 상태에서 어떻게 변동 과정과 그 기제를 파악할 수 있는가 하는 의문이 생긴다. 이것은 그가 '과정'으로써 의미한 바를 면밀히 살펴보면 이해될 수 있다. 그는 무엇보다도 문화 변동 연구가 정책 입안에 기여해야 한다는 철저한 실용주의적 태도를 견지했다. 이런 관점에서 과거의 역사는 현재 기능하는 한 의미가 있으며, 그렇지 않을 경우, 어떠한 과거의 문화적 형태나 기능도 무의미했다. 반면에 복합 문화란 현재 기능하는 토착 민족의 전통 문화와 외적으로 주어진 통치자 유럽 민족의 이해관계 사이에서 발생한 것으로서, 그 자체가 문화 접촉의 과정을 결과적으로 나타낸 것이다. 그는 또한 이 접촉 과정이 본질적으로 타협, 갈등 그리고 협조의 세 형태를 띤다고 보았다. 요컨대, 그의 문화 변동 연구의 틀은 복합 문화가 어떠한 형태로 나타났는가에 초점이 맞추어진 것이며, 실제로 거쳐 온 문화 변동 과정의 결과로 나타난 현재의 형태 자체가 바로 그 자신이 의미한 문화 변동의 과정이 된 셈이다. 이렇듯 철저히 현재 지향적인 시각을 고수하면서 그는 제자인 헌터(Monica Hunter), 메이어 그리고 특히 샤퍼라(I. Schapera)를 향하여 다음과 같이 논박했다. "재건된 과거가 어떠한 방식으로 우리에게 변화의 성격 및 그 원인에 관해 밝혀줄 수 있는지, 포르테스(Meyer Fortes)나 바그너(G. Wagner) 박사와 마찬가지로 나는 알지 못하겠다."

그러나 그의 미래 지향적이며 철저히 실용적인 관점은 사실상 문화 변동의 기제를 추구하는 일반적 이론이기보다는 이미 외적으로 주어진 유럽 식민 통치라는 동일한 조건 아래에서 일어난 상황적 변이만을 조사하는 특수한 연구 틀에 불과했다. 이것은 그 당시 인류학자들에게 결코 만족스럽지 못한 것이었다. 그리하여 그의 제자 중 네이들(S. F. Nadel)과 윌슨(G. Wilson and Monica Wilson, 위의 헌터)은 사회 변동의 법칙을 공식화할 수 있는 가능성을 피력했고, 에번스-프리처드는 문화 변동 연구에서 이론적 추구와 실용적 지향을 명백히 구분할 필요가 있다는 주장을 펼쳤다. 이렇게 그들은 이론적으로 독립성을 확보하기 위하여 노력했다. 실제로 이후에 영국의 많은 사회인류학자들은 말리노프스키가 단호히 배격한 역사 재건의 작업을 수행하여 통시적인 사회 변동 연구의 업적을 내놓았다.

돌이켜 보건대, 말리노프스키는 사회 변동의 통시적 법칙보다는 불가피하게 문화 변동을 겪고 있는 아프리카 토착 사회가 새로운 상황에 만족스럽게 적응해 나갈 수 있는 문화적 조건을 파악하고자 한 듯하다. 그러나 이러한 조건의 파악만으로는 그가 개별적으로 발표한 일련의 논문과 예일 대학 세미나에서 발표한 것들을 엮어 사후 편집한 『문화 변동의 역학 : 아프리카의 인종 관계에 대한 탐구 *The Dynamics of Culture Change : an Inquiry into Race Relations in Africa*, 1945』에서 '문화 변동의 역학'을 제대로 설명할 수 없었다. 그는 오직 공시적 틀만을 고집하면서 문화 변동의 연구를 응용인류학과 개념적으로 구분하지 않은 채 동일한 부문으로 간주하는 경직성을 드러냈다. 이러한 한계성은 무엇보다도 그의 기능주의 이론이 문화 변동 부문에서 통시적 구도로 전환·응용되지 못한 데서 비롯한 것이라고 여겨진다.

말리노프스키 이론의 모순적인 면들

한편 말리노프스키의 정책 지향적인 '미래의 사회 변동을 위한 사회 변동 연구'의 저변에 깔린 시각을 다시 주목해 볼 필요가 있다. 그는 대체로 식민지 토착 민족에 대해 연민과 공감을 가지고 있었다. 문화의 유기성이 인간의 욕구 충족에 궁극적으로 기여한다는 그의 기능주의적 문화관은 불가피하지만 진보적으로, 그리고 가능한 한 간접 통치 아래서 충격 없이 문화 변동을 유도해야 한다는 당위성으로 이어졌다. 그러나 말리노프스키 자신도 이러한 시각이 그가 신봉하던 기능주의와 상충한다는 점을 간과하고 말았다. 기능주의적 문화론이란 논리적으로 볼 때 문화 상대성의 의미를 내포한 것이며, 그의 기능주의적 시각에도 이러한 점이 담겨 있음을 엿볼 수 있다. 예를 들면, 그는 토착 민족의 전쟁이 사회적 손실을 유발하기보다는 "하나의 포괄적인 체력 단련이나 개인적 용기, 민첩성과 진취성 그리고 극적이거나 낭만적인 관심이나 가능성과 이상(理想)의 드넓은 비전의 개발을 위한, 아마도 어떠한 것도 대신할 수 없는", 다양한 기능들을 수행한다고 지적한 바 있다. 다시 말하면, 평형에 도달한 문화의 어떠한 요소도 해당 민족의 집단적 생존에 필요 불가결한 기능적 관계를 갖고 있기 때문에, 각 문화 요소는 해당 사회에서 고유한 의미를 지니고 있다는 것이다. 또한 어느 한 요소라도 임의로 제거하면 곧 문화의 전체성이 파괴된다는 유기체적 시각에서도 각 문화의 고유성은 자명하다. 이렇게 볼 때, 각 문화는 해당 민족의 삶을 고유하게 형성하고 표현한 것이며, 따라서 보편적인 가치 규범이나 윤리를 내세우기란 매우 곤란하다. 더욱이 문화의 고유성이란 어떤 요소의 단순한 제거나 급격한 대체와 양립할 수 없음을 의미한다. 그렇기 때문에 말리노프스키는 기존의 고유한 문화 요소는 오직 기능적으로 정확히 부합될 만한 외래 요소에 의해 점진적으로 대체되어야 한다는 당위성을 내세웠는지도 모른다. 그러나 아프리카 사회의 토착 문화 요소는 불가피하지만 바람직한 유럽의 제도로 대체되어야 한다고 전제함으로써, 말리노프스키는 자신의 기능주의 이론에 내포된 문화의 상대성을 일관성 있게 추구하기를 포기하고, 오히려 문화의 우열을 전제한 모순적인 기능주의로 빠져들고 만 것이다.

나아가 말리노프스키는 식민 사회의 변화와 관련해서, "아프리카 인에게 부여된 것은 새로운 삶의 조건으로서, 그들의 필요에 맞게 잘 적용되면 좋지만, 이는 반드시 유럽인의 요구 조건과 조화를 이루어야 한다"고 언급한 바 있다. 해리스 (Marvin Harris)가 부연했듯이, 그는 "유럽인이 아프리카 민족을 지배할 권리를 보유하고 있으며, 미래의 모든 순응과 관련해서 유럽의 이해관계가 법적 그리고 관습적으로 응분의 보장을 받아야 한다"고 전제한 것이다. 이러한 조건하에서 결국 토착 민족의 이해는 식민 행정부에 의해 보호될 뿐이고, 토착 민족은 자신의 운명을 결정하는 역할을 분담하고 있지 않으며 또 그럴 수도 없다. 그러나 해리스의 지적대로, 아프리카 식민사의 어떠한 시기나 장소에서도 두 민족 간에 타협이 일어나기보다는 오히려 민족주의와 식민주의의 양극화 현상이 만연되었을 뿐이다. 그리고 이런 갈등 관계의 형성은 다른 문화에 대한 몰이해에서 비롯되었다기보다는 오히려 두 민족 간의 근본적인 정치경제적 이해의 대립에서 기인한 것이었다. 요컨대, 말리노프스키는 지나치게 문화만을 중시하는 문화 중심적인 사고에 빠져 식민 사회의 정치경제적 현실을 외면하고 만 것이다.

그러나 그가 애초에 인류학적 연구의 대상으로 삼았던 문화가 과연 정치경제적 측면을 배제한 것이었는가 하는 자기 모순적인 의문이 생겨난다. 혹은 정치경제와 괴리된 문화가 아프리카 민족들의 삶에 어떤 의미가 있는지 그리고 그들의 삶을 만족시킬 수 있을 것인지 회의가 간다. 결국 그는 기능주의에 내포된 문화의 상대주의를 일관적으로 따르지 않았고, 오히려 문화들을 가치 차별함으로써 서구 문명의 우수성을 당연시했다. 그리하여 인류의 보편적인 문화 발전을 위해 진행 중인 아프리카 식민 사회의 문화 변동은 불가피할 뿐만 아니라 궁극적으로 바람직한 것이라고 간주했다. 이에 대해 해리스는 "아이러니컬하게도 변동 이론과 관련하여 말리노프스키의 근본적인 실수는 여전히 프레이저 식의 진화론적 편견에 빠져 있던 것"이라고 논평했다. 급격한 문화 변동의 폐해를 최소화하고 기능주의에 입각해서 보다 합리적인 문화 변동을 추진하기 위해 말리노프스키는 두 이질적인 문화 사이에 존재하는 공통 요소 혹은 두 민족 간의 공통적 이해관계를 찾아내는 작업이 필요하다고 역설했다. 그에게 있어서 "인류학적 지식은 어떠한 정치적, 도덕적 원리와도 관련이 없다. 그것은 식민 통치자와 정복된 민족의 공통적인 이해관계가 확실한 영역에서 사회 공학의 기술적 보조 기능을 수행할 뿐"이었기 때문이다. 그러나 그는 성공적인 문화 변동에 집착하면서도, 유럽과 아프리카 민족 간의 협조 체제의 발판이 될 수 있는 그러한 공통 요소들을 경험적 조사를 통해 찾아내려고 하지 않았다. 다만 이상적 조건의 선험적 전제로만 남겼을 뿐이다.

아시아를 포함해서 영국이 통치하는 드넓은 식민지 중에서 인류학이나 인류학자가 개입할 수 있었던 지역은 주로 아프리카에 국한되었다. 이것은 특히 1930년대에 들어서면서 보다 합리적이고 경제적인 행정 계획 아래 식민지를 개발하려는 통치 방식의 전환에서 비롯된 것이다. 그러나 인류학이 이룩한 성과는 말리노프스키가 응용인류학에 걸었던 기대에는 훨씬 못 미쳤다. 양차 세계대전을 치르는 사이에 아프리카 현지의 인류학적 조사는 조사 영역과 지역의 선정에 있어서 연구비 지원을 결정하는 식민 정부의 필요성에 크게 영향을 받았다. 연구 주제나 방식도 대체로 식민 정부의 정책에 바람직하거나 용인될 수 있는 한계 내에서 결정되었다. 더욱이 인류학자가 정책 입안이나 실행에 참여하는 것은 상당한 위험 부담을 동반했다. 토착 민족의 이해와 대치되는 식민주의적 제국 정책의 구도 아래서 어떠한 통치 방식도 피지배 민족의 호응을 불러일으키기는 힘들었으며, 인류학은 자칫 식민 통치의 도구로 매도되거나 전락할 수도 있었다. 또한 실제로 올바른 정책을 제안하더라도 경제성이나 제국의 이해와 상충되기 쉬웠다. 식민 사회의 인류학적 조사 결과가 실질적으로 식민 행정에 유용하게 쓰인 것은 고작해야 서베이나 센서스 자료 수준에 머물렀다. 더욱이 어떤 명분으로든 연구비를 지원 받은 조사자의 입장에서는 자신의 학문적 미래와 직결되는 이론적 연구에 조사 기간과 노력을 대부분 할애하게끔 되었기에, 식민 행정과 인류학의 괴리는 더 커질 수밖에 없었다. 물론 종전(終戰)과 함께 식민 사회의 정치적 환경이 급격히 변화함에 따라 인류학은 전례 없는 호황을 맞게 되지만, 그런 상황에서도 말리노프스키의 미래 지향적이며 실용적인 인류학이 들어설 입지는 매우 좁았다.

비교사회학의 등장과 말리노프스키의 몰락

기능주의의 쇠퇴

이미 언급했듯이, 말리노프스키는 자신의 문화 변동 이론에 입각해서, 트로브리안드 민족지에 견줄 수는 없을지라도, 문화 변동 상황에 대한 총체적인 조사를 직접 수행하지는 않았다. 또한 자신의 이론 체계의 문제점을 보완하여 제자들이 만족할 만한 문화 변동 이론을 새로이 제시하지도 않았다. 오히려 1938년에 제시한 문화 변동 연구의 지침에 따라 연구자가 체계적인 조사를 보다 수월하게 수행할 수 있도록 조사 내역에 대한 개괄적 도식을 마련하는 데 지속적인 노력을 기울였다. 이 같은 노력은 범 아프리카 차원에서 교육이나 전쟁, 주술 혹은 토지 문제와 같은 몇몇 제도적 요소에 대해 작성한

다분히 일반론적이며 피상적인 논문들로 나타났다. 하지만, 이러한 논문의 목적은 단순히 자신의 이론이 아프리카의 문화 변동 상황을 연구하는 데 실효성이 있음을 예증하고자 한 것에 불과했다.

양차 세계대전 사이에 영국 사회인류학의 구심점이 되었던 말리노프스키의 기능주의는 문화 변동 영역에서 그 효능을 상실했다. 그 제창자 또한 설득력 있는 대안을 제시하지 못함에 따라 그의 제자들은 점차 흩어지고 말았다. 이런 상황에서 이들에게 새로운 구심력을 제공할 만한 대안적 이론이 옥스퍼드 대학(Oxford University)을 중심으로 활발히 형성되고 있었다. 어떤 의미에서 이 이론은 일면 말리노프스키의 문화 이론과 연구 방향에 정곡을 찌르는 것이었다. 그 이론의 핵심은 사회적 모델을 세우고, 이것들을 비교함으로써 사회제도의 다양성을 과학적으로 설명하려는 것이었다.

구조기능주의의 확립

영국에서 소위 사회인류학의 전통이 확립되어 가던 20세기 전반기에 발생한 가장 획기적인 사건의 하나는, 아마도 런던 대학을 거점으로 말리노프스키에 의해 주도되었던 기능주의 학파가 결실을 맺기도 전에, 학계의 주도권이 급격히 래드클리프-브라운을 중심으로 결집한 구조기능주의 학파의 거점인 옥스퍼드 대학으로 넘어간 것이라고 쿠퍼(Adam Kuper)는 보았다. 구조기능주의란 문화 요소들이 사회 구조를 유지하는 데 기능하는 측면을 주로 다루는 단순한 이론인 듯했지만, 방법론 측면에서 비교 연구를 통해 과학성을 추구했다는 점이 특기할 만했다.

구조기능주의 이론을 확립한 래드클리프-브라운은 말리노프스키가 주도하던 영국에서 자리를 잡기까지 세계 주변 지역들을 전전했다. 그는 아프리카의 통가 왕국과 남아프리카를 거쳐서 자신의 현지 조사를 하면서 몸담았던 오스트레일리아 시드니 대학으로 돌아갔다. 그러고 나서 다시 미국 시카고 대학으로 옮겨가서 6년간 강의했다. 특히 그 당시 미국에서는 문화적 자료를 수집하여 단순히 그 지리적 분포를 작성하는 문화권 연구가 본래의 목표인 문화사 재건에 실패함으로써 젊은 인류학자들은 새로운 대안을 모색하던 중이었다. 이들에게 래드클리프-브라운의 구조기능주의 이론은 상당한 호소력이 있었다. 여하튼 그는 마침내 말리노프스키가 미국으로 안식년을 떠나기 바로 전인 1937년에 옥스퍼드 대학에서 새로이 설립한 사회인류학과 교수로 임명될 수 있었다.

'기능에서 구조로'

그렇지만 사실상 이미 1930년대 중반부터 말리노프스키의 제자들은 래드클리프-브라운의 새로운 사회 이론을 시험했으며, 1937년 이후에는 그 이론에 입각한 결과물을 내놓기 시작했다. 이러한 과정에서 하나의 절정을 이룬 것은 포르테스와 에번스-프리처드가 공동으로 편집한『아프리카의 정치 체계 *African Political Systems*, 1940』의 발간일 것이다. 흥미롭게도 정치인류학의 효시로 평가되는 이 저술에는 말리노프스키의 지도 아래 아프리카 연구소를 중심으로 한 아프리카에서의 문화 변동 연구를 수행했고, 또『아프리카 문화 접촉 연구의 방법』에 기고했던 네명의 제자가 참여했다. 이러한 의미심장한 변화를 쿠퍼는 단적으로 영국 사회인류학이 '기능에서 구조로' 이행한 것이라고 규정한 바 있다. 구체적으로 말하자면, 이 변화는 말리노프스키의 실용주의적 문화 변동론이 통시적 시각을 배격함으로써 이미 그 당시 사회인류학자들에게 설득력을 잃었고, 그의 기능주의적 문화 이론도 민족지 자료가 상당히 축적되면서 자연스럽게 뒤따른 비교 사회적 관심을 충족시키는 데 실패했음을 의미하는 것이다. 반면에 래드클리프-브라운의 구조기능주의 이론은 바로 이러한 시대적 조류에 부응해서 대대적인 호응을 얻었다고 볼 수 있다. 그는 문화의 개념이 과학적 탐구에 적합하지 않다고 보고, 사회 체계 혹은 구조에 준해서 비교 분석하는 작업을 추구했다. 이러한 작업은 특히 친족과 의례 부문에서 활발히 수행되었다.

말리노프스키 이론의 한계

말리노프스키의 연구 틀에서 비교론적 시각의 부재는 두

측면에서 언급될 수 있다. 우선, 이미 지적한 대로 그의 문화 변동론은 비교의 최소 필요조건인 시간 계열 상의 다른 두 좌표의 설정을 거부한 반(反)역사적인 것이었다. 다른 측면은 그의 기능주의 이론이 공시적인 문화 비교의 작업으로 연계되기 어려웠다는 점이다. 이와 관련해서 말리노프스키는 자신의 소위 제도 분석(Institutional Analysis)이란 연구 틀이 문화 비교에 활용되기를 기대한 듯하다. 여기서 제도란 문화적 행위나 활동의 조직화된 체계로서 그의 전형적인 기능주의적 시각을 대표하는 것이다. 이를테면, 이미 언급했듯이, 그는 트로브리안드 사회의 문화 중에서 카누라는 문화적 제도가 그것을 건조하고 사용하는 집단, 건조 기술, 이와 결부된 주술 그리고 선박과 어획물의 취급에 대한 관계 규정, 심지어 선박 건조 및 항해와 관련한 구비전승 등의 다양한 요소들로 구성되어 있기 때문에, 그러한 요소들을 민족지 기술에 모두 포함해야만 비로소 카누에 대한 총체적이며 진정한 이해에 도달할 수 있다고 보았다. 이러한 방식이 그의 트로브리안드 저술에서 상용되었다는 것은 널리 알려진 사실이며, 특히 그의 마지막 트로브리안드 관련 저술인 『산호섬의 경작지와 주술』에서 극치를 이루었다. 그러나 그 자신은 전혀 제도 분석의 틀을 통한 문화 비교 작업을 체계적으로 수행한 바 없다. 또한 실질적으로 이러한 제도가 문화 비교에 효과적인 단위이기에는 지나치게 규모가 크고 통제하기에도 너무 많은 변인을 포함해서 다루기 어렵다는 평가를 받았다.

1930년대에 말리노프스키 스타일의 민족지 조사가 많이 진척된 상황은 아직 아니었던 만큼, 그가 기대한 비교 연구 작업이 실질적으로 수행되기에는 시기상조였을지 모른다. 그래도 말리노프스키가 이룩한 민족지 조사의 전통은 널리 확립되어서 많은 조사자들이 현지로 들어갔고, 그 결과 다양한 토착 부족 사회의 조사 자료가 상당히 축적되고 있었다. 그렇지만 상당수의 인류학자들은 그가 트로브리안드 섬의 조사에서 구사한 유창한 수준의 토착 언어를 습득하고 2년여에 걸친 장기 체류의 어려움을 극복하면서 방대한 자료를 수집할 만한 열정을 가지고 있지는 않은 듯했다. 그리고 트로브리안드의 작업은 한 번으로 족하며 그들이 본받기에는 비경제적인 것이라고 느낀 듯했다. 오히려 그들은 대체로 적정 수준에서 수집한 자료를 제시한 후, 비교 문화의 분석 틀 내에서 유사점과 차이점을 지적하고 이론적으로 설명해냄으로써 자신들의 작업에 체계성과 의미를 부여할 수 있기를 선호한 것처럼 보인다. 이와 관련해서 쿠퍼는 말리노프스키 류의 민족지에 대한 불만을 다음과 같이 토로했다. 말리노프스키의 충실한 제자인 퍼스가 폴리네시아에서 조사해서 작성한 민족지인 『우리는 티코피아족 We, the Tikopia, 1936』이라는 저술이 600여 쪽에 달하는데, "실질적인 이론 틀이 부재한 까닭에 우리는 그가 글을 끝낸 곳에서 왜 중단했는지 의문을 갖는다."

요컨대, 말리노프스키 식 민족지의 문제는 사회 조직이나 문화를 하나의 체계(system)로 인식하기보다는 산만하게 널려 있는 구체적인 행위들로써 다양한 문화 부문을 얽어놓아 매우 모호하다는 데 있었다. 더욱이 '피와 살'이 되는 구체적 사실의 나열 뒤에는 인간의 생물심리적 성질에 기초한 지나치게 추상적인 인류 문화의 보편적 이론이 뒤따를 뿐이었다. 지나치게 구체적인 문화 기술과 그에 대한 설명 사이에는 메우기에 너무 큰 괴리가 존재했다.

일찍이 1937년 로위(Robert Lowie)는 그 문제 상황을 다음과 같이 예시했다. "그의 제안들은 우리가 설명되기를 기대하는 것을 해석한 것이라고 보기에는 너무 모호한 듯하다. 우리는 모든 혼인 형태가 성과 관련이 있다는 것을 당연하게 생각한다. 그러나 우리가 알고자 하는 것은 왜 토다 족이 일처다부제를, 반투 족이 일부다처제를, 호피 족이 일부일처제를 시행하는가 하는 것이며, 호카르트(A. M. Hocart)가 잘 인식했듯이, 이것은 일반적인 인성으로는 설명될 수 없는 것이다."

나아가 말리노프스키의 문화 이론은 관찰된 문화의 차이점과 유사점을 결코 설명하지 못했고, 오히려 문화의 다양성을 은폐하는 효과를 나타내었다. 이러한 결과는 부분적으로 그가 자신의 기능주의적 문화 이론을 발전시키는 과정에서 문화의 상대성보다 오히려 문화의 보편성을 지향한 데서 비롯한 듯하다. 비교 문화적 관점의 부재는 문화 변동론에서도 여실히 드러났다. 그의 문화 변동 이론은 특정 사회의 문화 변동 패턴들을 비교하는 작업을 수행하기보다는 접촉 중인 두 문화 사이에서 공통 요인을 발견함으로써 문화 변동을 원활히 진행하려는 데 초점을 맞춘 것에 불과했다. 더욱이 그의 범 아프리카 차원의 문화 변동에 관한 일반론적 논문들도 특정 사회들에 대한 짜임새 있는 조사 자료를 비교한 것이기보다는 아프리카 전역에서 되는대로 취합한 단편적인 자료에 근거해서 작성된 것일 뿐이었다.

　말리노프스키의 문화 이론이나 문화 변동론이 갖는 이러한 한계 때문에라도 그 당시 영국의 사회인류학계에서는 문화의 유사점과 차이점을 체계적으로 조사해서 비교·설명할 수 있는 중범위(middle-range) 이론에 대한 요구가 절실했다. 그 해결책은 래디클리프-브라운에 의해 제공될 수 있었다. 그는 이미 1930년대 초부터 민족지 기술의 대상을 사회구조로 한정하고, 구체적인 조사 자료를 형식적 수준에서 조작 가능한 (operational) 모델로 제시함으로써 보다 엄격한 비교사회학적 연구를 수행할 것을 강조했다. 그리하여 1938년 말리노프스키가 미국의 예일 대학으로 안식년을 떠나기 전에 이미 베이트슨(Gregory Bateson)[10]과 에번스-프리처드는 래드클리프-브라운의 구조적 틀을 적용한 연구물을 내놓았으며, 래드클리프-브라운이 1937년 옥스퍼드 대학에 자리 잡은 이후에는 그의 사회구조 이론이 영국 사회인류학계의 주류를 이루면서 기존의 기능주의 이론을 거의 완전히 대체하게 되었다. 스토킹(George Stocking)이 지적했듯이, 말리노프스키가 한동안 주관했던 아프리카 연구소에서 발간한 『아프리카의 정치 체계』와 함께 래드클리프-브라운과 포드(D. Forde)가 편집한 연구 보고서인 『아프리카의 친족과 혼인 체계 *African Systems of Kinship and Marriage, 1950*』에는 말리노프스키의 어떠한 저술이나 논문도 참고 문헌으로 인용되지 않았다.

미국으로의 '망명'

1920년대와 30년대에 걸쳐 영국 사회인류학계에서 대부로 군림하던 말리노프스키의 몰락은 공교롭게도 1938년 예일 대학에서의 안식년 휴가와 함께 발발한 제2차세계대전으로 급진전되었다. 비록 영국 국적을 보유한 상태였지만, 그는 그 곳 친구들의 조언에 따라 미국에 남기로 결정했다. 이러한 결정 이면에는 이미 자신이 제1차세계대전 중 트로브리안드에서 적국민(敵國民)의 지위로 인해 겪은 고통과 전쟁에 대한 깊은 혐오감이 작용했던 듯하다. 그는 얼마 안 있어 예일 대학에서 교수로 종신 고용될 예정이었지만, 퍼스에게 보낸 서신에 나타나듯, 진정으로 영국 사회인류학계로 복귀하기를 원했던 것처럼 보인다. 그럼에도 불구하고 그가 미국에 남은 것은 과연 전적으로 전쟁에 대한 불안과 혐오감에서 비롯한 것인가 하는 것은 다소 의문스럽다.

이 시점에서 쿠퍼가 1983년에 뒤늦게 제기한 의문을 떠올려 볼 수 있다. "만약 말리노프스키가 런던에 남고 래드클리프-브라운이 시카고에 머물렀다면, 혹은 그들 모두가 영국에서 1930년대와 1940년대에 함께 연구했다면 어떠한 일이 일어났을까 상상해 보지 않을 수 없다."

　이미 알려진 것처럼, 그와 래드클리프-브라운의 관계는, 비록 영국에서 함께 활동하지는 않았지만, 이미 오래 전부터 알력과 노골적인 대립으로 발전해 왔었다. 이 대립은 단순한 이론적 차이에 기인한다기보다는 양자 간의 강한 자존심의 충돌이었으며, 영국 사회인류학계를 주도하려는 쟁탈전의 양상이었다. 1941년 퍼스에게 보낸 개인적 서신에서 말리노프스키는 자신의 미국 체류를 '망명'으로 표현할 만큼 비참한 심정을 토로하면서, 그곳에서의 향후 전망을 비관적으로 내다보았다. 하지만 바로 전 해에 자신의 제자들이 참여해서 발간한 『아프리카의 정치 체계』에 대해서 그의 지극히 예민하고 취약한 감정과 강한 자존심 그리고 자신의 문화 이론에 대한 강한 집착이 반응한 흔적은 아쉽게도 발견할 수 없다. 그는 영국 사회인류학계에 대해 강렬한 향수를 느꼈지만, 그곳은 이미 30년대 초까지 독보적인 존재로 군림했던 그와 그의 예민한 성격과 자존심을 받아들이기에는 결코 평탄하지 않은 곳으로 변해 있었다. 아마도 그가 제자들과 다시 재결합하기 어려웠던 것은 자기중심적인 성격으로 인해 야기된 많은 제자들과의 감정적 결별 때문일 수도 있을 것이고, 또한 자신이 폴란드 출신의 슬라브계 이방인이었다는 사실이 마음 한구석에 자리했기 때문일 수도 있을 것이다.[11] 말리노프스키는 미국에서 집필하여 사후 발간된 자신의 마지막 저술에서 개인은 자신이 태어나 살아온 문화 속에서 생을 마치는 것이 가장 행복하다는 말을 남겼다. 그 말의 행간에서 어쩌면 자신의 처지에 대한 연민을 짙게 느낄 수 있을 듯하다. 요컨대, 쿠퍼가 제기한 의문의 해답은 결코 쉽사리 찾아질 수 없지만, 적어도 그 당시 영국 사회인류학계의 전반적인 흐름을 바꾸어 놓기에는 그의 입지가 너무 좁아졌던 것처럼 보인다.

여하튼 말리노프스키는 전쟁이 끝나기 전인 1942년에 갑자기 세상을 떴다. 죽기 전까지 그는 예일 대학에서 세미나를 주재하고 여러 논문을 발표하면서 문화 변동에 대해 지속적인 관심을 보였다. 이와 병행해서, 그는 자신의 문화 이론을 최종적으로 마무리하는 작업에 착수했다. 그 가운데 가장 주목할 만한 연구 성과는 『자유와 문명 *Freedom and Civilization*, 1944』일 것이다. 이것은 자신의 문화 이론에 바탕을 두고 문화 변동에 대한 관심의 연장선상에서 이룩한 본질적으로 응용인류학적인 저작으로서, 그가 마지막으로 심혈을 기울인 것이라고 할 수 있다. 그러나 안타깝게도 이 저작은 그의 학문 역정에 마지막 오점으로 기록될 만큼 그의 쇠퇴를 마무리 짓는 역할을 수행했다.

문화에의 집착과 망상

    말리노프스키는 양차 세계대전 사이에 전체주의에 대한 깊은 혐오감을 가지게 되었다. 이와 연계해서 그의 진보적 성향은 나름대로 전후(戰後)를 대비해서 인류 사회의 발전을 위한 계획의 구상으로 이어졌다. 이 구상은 일찍이 「생존의 문제 *The Deadly Issue*」라는 제하로 1936년에 기고한 논문에서 윤곽이 드러났는데, 그 본격적인 작업은 1940년대 초에 시작되었다. 이 작업은 그의 갑작스런 죽음으로 중단되었지만, 다행히 그의 아내가 원고를 정리하여 사후 발간한 『자유와 문명』이란 저술로 결실을 맺을 수 있었다. 그런데 이 저술의 원고는 말리노프스키 생전에 이미 출간을 약속했던 출판사로부터 거절당하고 가까스로 뉴욕의 한 폴란드 계 출판사를 통해 빛을 볼 수 있었을 만큼 대부분의 지식인으로부터 외면당했다. 더욱이 이 저술은 그가 책임감과 진지함을 결여한 무익한 과대망상자라는 평판을 받게 했다. 이러한 반응은 단적으로 그가 일찍부터 보여 준 문화 중심적 경향이 문화 지상주의(至上主義)로 심화된 결과라고 풀이해도 무방할 듯하다.

자유와 문화

마지막 저술에서 말리노프스키가 주장한 전후 계획은 자유와 문화의 두 개념을 축으로 전개되었다. 기본적으로 자유에 대한 그의 개념은 문화의 그것과 마찬가지로 실용적인 것이었다. 우선 그는 인간이 동물의 단계에서 벗어나서 문화라고 하는 인위적인 이차적 환경을 만들어 나갔다고 보았다. 문화란 무엇보다도 인간이 자연으로부터 받은 능력만으로 살 수 없는 다양한 환경 조건 아래서 생존해 나갈 수 있는 능력을 의미했다. 이런 의미에서 문화는 태초부터 인류에게 생존의 자유를 선사한 셈이다.

말리노프스키는 이러한 초보 단계의 자유가 보다 발전된 단계의 문화를 창조하는 원동력으로 작용하여 자연의 통제력을 더욱 신장시켰고, 그 결과 인간은 보다 큰 자유를 누리게 되었다고 보았다. 결국 문화와 자유는 상보적인 관계에 있으면서, 환류적으로 상호 발전해 온 셈이다. 요컨대, "자유는 문화의 선물"이고, "문화는 자유의 선물"이라는 것이다.

나아가 그는 "인간과학과 관련해서 어떠한 인간의 행위도 문화의 맥락을 벗어나서는 존재할 수 없다"고 생각했다. 그렇다면 인간의 자유 또한 무제한적일 수는 없었다. 결국 문화는 자유를 부여하는 한편, 인간을 구속하는 양면성을 갖는 것이었다. 그래서 자유는 인류 문화 발전의 원동력이 되었지만, 문화 환경에 따라 주어진 선택의 자유일 뿐이었다.

그런데 말리노프스키는 모든 문화가 그 집단 성원에게 문화를 창조하고 또 구가할 수 있는 자유를 부여한다고 보지는 않았다. 오히려 그는 문화를 자유로운 문화와 억압 및 예속의 문화로 구분하고, 자유로운 문화의 세 가지 속성을 제시했다. 이에 따르면, 자유로운 문화의 첫 번째 속성은 영혼의 인위적 교화를 통해서 정치권력에 무조건 복종하도록 만드는 것이 아니라 자발적이면서 비판적인 분위기에서 전통 문화를 교육시키는 것이다. 두 번째 속성은 개인이 인위적인 위계질서에 무조건 예속되지 않고 어떠한 문화 제도에도 자유로이 접근하여 자아를 계발할 수 있도록 자유로운 기회를 보장하는 것이다. 세 번째 속성은 각 사회 성원이 자유롭게 행복을 추구할 수 있는 사회적 여건을 마련하는 것이다. 이러한 기준에 따라 원시 사회나 민주 사회는 성원들 대부분에게 평등한 삶의 조건을 부여한 것으로 간주되었다.

전쟁과 문화

그러나 말리노프스키는 인류의 진화 과정에서 사회적 부나

특권이 전쟁으로 인하여 편향적으로 배분되기 시작했다고 보았다. 더욱이 전쟁은 인류의 삶의 조건인 문화를 말살할 수 있는 잠재력을 지닌 것으로 판단했다. 그래서 그는 전쟁의 위기를 어느 정도 제거할 수 있는가 하는 능력을 자유로운 문화와 예속의 문화를 판별하는 가장 중요한 기준으로 삼았다. 따라서 전체주의 사회는 전쟁 도발을 준비하기 위해 예속과 억압의 문화를 추구하는 사회가 된다.

이런 전체주의 사회에서는 전통이 무시되고 개인은 순전히 소수 지배자의 자의적인 원리에 따라 형성된 규범과 정치권력에 무조건 충성하도록 정신적 교화를 받는다. 또한 인위적인 위계질서에 무조건 복속하도록 요구되면서, 행복의 추구를 위한 부와 특권은 불평등하게 분배된다. 결국 이런 사회에서 문화 발전의 원동력인 자유는 실종되고, 전쟁 도발로 인해 인류의 주요 자산인 문화마저 파괴 혹은 말살될 수 있다.

그렇지만 말리노프스키는 모든 전쟁이 인류 문화의 발전에 해로운 것은 아니라고 보았다. 그에 따르면, 인류 사회의 진화 초기 단계에서 발생한 전쟁은 동일한 문화권 내에서 정치적 권력을 장악하기 위해 조직된 지역 집단 사이에서 일어난 것에 불과했다. 이를 통해 민족은 통일되고, 소위 국가라는 정치적 단위체가 탄생함으로써 문화는 보다 나은 단계로 발전할 수 있었다. 이와 달리, 진정한 의미의 전쟁은 인류 진화의 후기 단계인 문명의 출현과 함께 비로소 나타났으며, 이것은 두 독립된 정치적 단위체 사이에서 일어난 것이다. 그런데 이러한 전쟁도, 비록 두 문화 민족 간에 정복을 위해 일어난 것일지라도, 병합 후 "새로운 문화, 새로운 민족, 새로운 국가"를 창조한다는 의미에서 장기적으로 볼 때 인류의 문화 발전에 건설적인 측면을 지녔다.

그러나 말리노프스키가 목격하고 있는 세계대전은 진정한 의미의 전쟁이면서, 인류 문화의 발전에 해악을 가져오는 것이었다. 왜냐하면 현대의 유럽 사회들은 발달된 기술 문명으로 인하여 이미 하나의 문화권에 편입된 상태여서, 비록 독립적인 정치 단위체들 사이에서 일어나는 국제전일지라도 하나의 내전에 불과했기 때문이다. 즉, 서로 문화적으로 다른 두 민족 간에 일어나는 전쟁은 문화적 교류를 통해 보다 나은 문화적 발전으로 이어질 수 있지만, 동일한 문화권 내에서 일어나는 두 민족 간의 전쟁은 상호 간의 문화 파괴를 가져올 뿐이었다. 그리하여 말리노프스키는 전후를 대비해서 인류 문화의 발전적 측면에서 비극적인 사태가 재연되지 않도록 민족 연맹체나 초(超)국가(the Superstate) 혹은 범세계적 연합 기구를 결성할 것을 제안했다.

인류 사회의 미래를 위한 자유와 문명론

그의 구상에 따르면, 전후 세계의 모든 문화 민족들은 내적 치안의 목적을 제외하고는 완전한 무장 해제를 실시하고, 대외적인 보호는 국제 경찰 기구에 전적으로 의존하게 된다. 그

대신 각 문화 민족은 완전한 문화적 자결권을 보장받고, 진정한 문화적 자유를 구가하면서 살아갈 수 있다. 다만 "소위 미개 민족과 관련해서, 이들에게는 영국식의 간접 통치 혹은 독립 통치라 불리는 것에 기초해서 최소한의 보호 감독이 시행된다." 특히 인류 전체에 필요한 자원이 매장된 지역은 문명 사회에서 직접 관리하게 되며, 미개 민족들을 위해서는 따로 인류학자들로 구성된 식민 통치 특별 위원회가 설립된다.

이처럼 말리노프스키의 자유와 문명론은 인류 사회의 미래를 위한 중대한 전언을 담고 있었다. 더욱이 그는 자신의 문명론이 자유에 대한 주관적이며 직관적인 여타의 정의를 배격하고, 철저히 문화적이며 실용적인 분석을 수행했다고 생각했다.

반면에 퍼스는 이 연구가 인류학적으로 볼 때 민족지 자료가 미흡할 뿐만 아니라, 정치학적으로도 매우 순진한 것이라고 보았다. 말리노프스키에 따르면, 인간의 삶에 가장 본질적인 요소는 자유이며, 이 자유는 바로 모든 가치와 행위 동기의 원천인 문화적 전통에서 비롯된 것이다. 그러나 에번스-프리처드가 지적했듯이, 그 자신은 결코 이러한 자유가 특정 문화마다 어떠한 형태로 존재하는가에 대한 물음을 제기한 바 없다. 오히려 그는 자유란 인간 집단이 협동 체제를 구성함으로써 부여된 자산이라고 인식하고, 그러한 자유가 전체주의 국가를 제외한 대부분의 원시 문맹 사회나 현대의 자유 민주주의 사회에 부여되어 있다고 보았다. 그렇지만 적어도 족장 사회 수준 이상의 계층화가 이루어진 사회 유형이나 심지어 자유 민주주의 사회에서 나타나는 인위적 억압 그리고 권력이나 부의 세습에 비추어 볼 때, 과연 그가 제시한 자유로운 문화의 기준을 그러한 사회에도 적용할 수 있는지 의문이 간다.

대체로 그의 자유에 대한 개념은 윤리적 가치 체계로서 유럽의 보수적 자유주의에 그 뿌리를 두고 있었으며, 그는 마치 이것이 모든 문화에 보편적이며 당연한 것이라고 생각한 듯하다. 이 점에서 말리노프스키는 선험적으로 유럽의 특정한 정치적 이상을 인류의 보편적 가치로 받아들이는 자문화(自文化) 중심적 오류를 범한 셈이다. 실제로 이러한 자문화 중심적 편견은 현실에 대한 객관적 인식을 저해하고, 문화 상대주의적 성찰을 가로막는 데 기여한 듯하다.

나아가 말리노프스키에 따르면, 건전한 문화란 기본적으로 개인적 이해와 사회적 통제 사이에 균형이 이루어질 때 가능한 것이다. 그렇지만 세계대전 당시의 현실이나 전후 미래는 우리로 하여금 문화 변동의 호메오스타시스(homeostasis) 혹은 평형 유지력이라는 자연적 기재에 더 이상 의존할 수 없게 한다. 그런 만큼 범세계적 차원에서 정치권력 제도를 재정비할 필요가 있을지도 모른다. 그런데 여기서 우리는 도대체 어떠한 요인 때문에 비(非)인륜적이며 반(反)문명적인 전체주의 국가가 형성되었고, 인류사의 99%의 시간대에 걸쳐 문화 발전에 기여해 온 전쟁이란 사회제도가 왜 현대 유럽의 욕구를 충족시키지 못했으며, 그렇다면 애당초 어떻게 그 전쟁이 발발할 수 있었는지 궁금할 뿐이라고 에번스-프리처드는 꼬집는다. 또한 그레그(Dorothy Gregg)와 윌리엄스(Elgin Williams)가 지적했듯이, "평형과 비평형 상태의 구분을 검증하는 기준은 무엇인가? 우리는 듣지 못한다. 기능주의적 구도 아래에서 그러한 기준의 여지는 없으며, 결과적으로 혼돈의 분위기가 그 작업에 만연한 듯하다."

문화지상주의

최근 폴란드 학자들의 연구 덕분에 말리노프스키의 자유와 문명론이 궁극적으로 그가 폴란드 시절에 습득한 가치관에서 비롯된 것이라는 사실이 밝혀졌다. 그 당시 낭만주의자들이 가졌던 문화의 본질에 대한 관심은 모더니즘(modernism)으로 이어지면서, 민족을 하나의 문화 공동체로 보는 시각이 널리 퍼졌다. 특히 말리노프스키는 합스부르크 제국에 대한 남다른 동경과 애착을 가졌다. 그 시대의 폴란드 민족은 비록 정치적으로 제국에 예속되었지만, 외부 특히 러시아의 위협으로부터 보호를 받으면서 평화적인 여건 아래서 민족의 문화적 삶을 자치적으로 영위할 수 있었다. 이런 배경에서 그는 문화 민족주의자로 그리고 현대적 의미의 세계주의자(cosmopolitan)로 성장하게 되었다. 그리하여 그는 인간적 삶의 필수 요건인 문화의 자치를 위해서는 민족의 정치적 자결권을 희생할 수도 있다고 보았고, 나아가 전후 제3세계의 약소민족이 지속적으로 영국식의 간접 통치를 받을 필요가 있다는 주장을 펼치게 된 것이다. 그렇지만 그의 주장은 시대적으로 만연된 제국주의적 식민관을 그대로 수용한 것이기도 하다.

이미 양차 세계대전 사이에 경험한 것처럼, 간접 통치의 실상은 결코 그가 상상한 대로 자유주의적이거나 진보주의적으로 전개되지는 않았다. 아프리카의 지식인들은 자유와 평등 그리고 민족주의의 기치 아래 영국 식민 통치가 및 토착 권력 엘리트들과 정치적 투쟁을 벌여왔던 것이다. 이러한 지성인이 상당수 배출된 단계에서 제3세계 민족에게 정치적 자결권을 허용할 수 없다는 주장은 시대착오적일 수밖에 없었다.

요컨대, 그의 문화 본질에 대한 탐구, 문화에의 집착 그리고 정치경제적 현실을 도외시한 문화지상주의적인 편견은 부분적으로 그가 성장했던 폴란드 시절의 문화적 배경에서 비롯된 듯하다.

말리노프스키의 현대적 재조명

　돌이켜 보건대, 말리노프스키가 문화 이론에 집착한 것은 영국에서 사회인류학이 형성되던 과정에서 아이러니컬한 일이었다. 19세기 후반 영국에서 인류학의 초석을 마련한 타일러(Edward B. Tylor)는 문화를 인류학의 중심 과제로 규정하고 그 정의를 내린 바 있다. 그로부터 인류학의 학문적 전통이 확립되는 과정에서 오히려 말리노프스키 이전의 인류학자들은 인류 사회의 원형과 진화 단계를 밝히기 위한 친족 연구에 많은 노력을 할애했다.

　그 결과, 이미 언급했듯이, 친족 연구의 전통은 모건과 리버스의 계보를 따라 형성되어 왔다. 이것은 문화를 인류학의 중심 과제로 규정한 타일러가 영국의 인류학자인 반면 모건은 미국에서 활동한 인류학자라는 점에서 특이한 일이다. 오히려 미국에서는 인류학의 대부 보아스(Franz Boas) 이후 인류학의 과제는 문화 연구라는 점이 공고히 되었고, 미국 인류학은 문화인류학의 틀을 갖추면서 성장했다.

한편 모건과 리버스의 계보를 이어받아 영국의 인류학계를 장악한 래드클리프-브라운은 과학의 엄격성을 추구하기 위해서 인류학 분야를 특히 사회인류학이라고 좁게 규정하고 나섰다. 그럼으로써 영국 인류학은 오히려 사회인류학으로 발전했다.

이런 배경에서 말리노프스키는 자신의 학문적 위상을 높여준 현지 조사를 이론적 연구에 접목시키는 데 실패했고, 심리학적 경향의 다양한 문화 이론을 개발하는 데 집착하는 우를 범하고 말았다.[12] 그는 여러 논문에서 자신의 문화 이론을 다양한 사회에 적용하려고 시도하거나 다양한 사회가 모두 그의 이론에 부합됨을 예증하려고 노력했다.

아프리카 토착 사회의 문화 변동 연구는 그의 후반기 학문적 연구의 분수령으로서 자신의 이론의 첫 시험대가 되었지만, 그의 문화 이론은 방법론적으로 모순과 한계를 드러냈다. 그의 이론은 통시적 시각을 배격함으로써 문화 변동 연구에 효과적으로 적용되지 못한 것이다. 게다가 그의 기능주의적 문화관은 아이러니컬하게도 표면상으로는 19세기 문화 진화론을 비판하고 지양했지만, 여전히 프레이저 식의 문화 진화론의 굴레를 벗어나지 못했다. 즉, 그의 기능주의는 보편주의적 성향을 띠면서 문화의 상대성보다는 문화를 차별하는 관점으로 발전해 나갔다.

나아가 그의 기능주의적이면서 보편주의적인 문화 이론은 그 성격상 문화 비교 작업에 실효성을 입증하지 못함으로써 그의 학문적 발전에 치명적인 장애가 되었다. 그 자신이 특정 문화를 체계적으로 비교하여 유사점과 차이점을 가려내고, 그 원인을 규명하려는 연구를 직접 수행한 바 없음은 이러한 맥락에서 더욱 아쉬운 점으로 남았다.

그는 미국에서 반(半) 망명 생활을 하면서 자신의 생애 마지막 연구를 통해 자신의 문화 이론을 더욱 발전시키려고 시도했다. 하지만 그는 문화 지상주의를 견지하고 피지배 민족의 정치경제적 자결권을 무시함으로써 비현실적인 이상론의 질곡으로 빠져들고 말았다.

재조명의 기운

그럼에도 불구하고, 제2차세계대전 전후 영국의 사회인류학계에서 무시되었던 말리노프스키의 연구 성과는 점차 재조명되기 시작했다. 1950년대 중엽 포르테스는 영국 사회인류학에서 수행된 아프리카 사회에 대한 비교 연구의 과학적 성과를 긍정적으로 평가하면서, 앞으로 부족 사회의 구조를 예측할 수 있는 보편적인 모델이 수립될 것이라고 보았다.

반면에 영국 사회인류학계의 많은 소장 학자들은 래드클리프-브라운류의 구조기능주의적 연구에 한계가 있음을 깨닫게 되었다. 특히 멜라네시아의 부족 사회를 조사한 소장 학자들은 래드클리프-브라운류의 모델이 사회구조를 파악하는 데 실효성이 없음을 인식했다. 사실상 래드클리프-브라운류의 모델은 지나치게 형식적이었고, 개인의 행위는 대체로 사회구조에 복속될 것이라고 전제했다. 그 결과 사회구조에 부합되지 않는 개인의 행위나 동기의 다양성은 종종 무시되었다. 결국 이러한 모델은 일종의 사상누각과 같은 것이라는 비판을 받았고, 리치는 단순한 '나비 채집'과 같은 그러한 작업이 더 이상 무의미하다고 단언하기까지 했다.

그런 가운데 1960년대에는 개인의 행위에 초점을 맞춘 이론들이 대안적으로 생겨났고, 사회 규범과 실제 행위 사이의 괴리를 통해서 사회구조의 형성 과정을 파악하려는 시도가 성행하게 되었다. 그리고 문화의 심리적 실체를 경험적으로 접근함으로써 인간의 내면을 탐구하거나 문화적 지식의 사회적 분포를 파악하려는 노력이 뒤따르기도 했다. 이와 함께 말리노프스키가 강조한 사회적 콘텍스트는 구비전승에 대한 연구뿐 아니라 언어학의 화용론(Pragmatics)에서 재삼 부각되기도 했다. 또한 문화 상대론이 미국 인류학계에서 주도적인 패러다임으로 자리 잡으면서, 사회적 맥락, 특히 다른 문화적 요소와의 기능적 관계를 중시하는 시각이 널리 확산되었다. 이렇듯 현대 사회과학에서 나타난 다양한 관심사들은 이미 말리노프스키의 민족지 조사에서 엿볼 수 있었던 것이다.

더욱이 현상학과 해석학의 유입에 따라 인류학에서는 이성
주의적인 구조주의가 쇠퇴하고 낭만주의적 경향이 일어남에
따라 인간의 감정에 대한 성찰과 함께 문화적 삶에 있어 '피
와 살'의 중요성을 다시금 주목하게 되었다. 이와 더불어 말리
노프스키가 문화의 기능과 의미를 인류 보편적 차원에서 탐구
하려던 성향은 역시 미국 인류학계에서 수행된 문화의 비교
연구를 통해 다시 부활되기도 했다. 문화의 비교 연구 결과 인
류 사회에 보편적으로 나타나는 문화적 범주, 즉 문화 보편소
가 부각되면서, 문화 보편소에 대한 의미를 인간 본성과 연계
해서 파악하려는 연구가 상징인류학을 비롯해서 사회생물학
이나 진화심리학으로 이어졌다.

　덧붙여, 겔너(Ernest Gellner)는 말리노프스키가 제안한 초국
가의 수립에 대해, 전후 야기된 아프리카 사회의 민족 갈등이
나 빈곤의 문제들에 비추어 볼 때, 무의미한 것은 아니었다고
논평했는데 이는 주목할 만하다.

　이처럼 말리노프스키는 사회인류학의 형성에 지대한 영향
을 미쳤음에도 불구하고, 자신의 업적에 응당한 평가를 받지
못했다. 그는 전례 없이 세밀한 민족지 조사를 통해 자신의 학
문적 입지를 수립했지만, 학파를 구성하는 데 필수적인 이론
적 성과에는 미진했을지 모른다. 심지어 그는 자신의 이론을
제시하면서 개념적 모호성과 혼돈을 드러내기도 했다. 나아가
문화 이론에 집착하면서 시대적 흐름을 간과하는 착오를 범하
였고, 자기도취에 빠지기도 했다. 그럼에도 불구하고, 한 때

무시되었던 그의 연구 성과는 20세기 후반에 다시금 부각되어, 여러 학문 분야와 이론적 계열에 영향을 미치고 있다. 요컨대, 말리노프스키의 학문 역정은 영국 사회인류학계에서 영원한 패러독스로 남는 듯하다.

주

1) 본능설은 나중에 민족지 자료를 통해 그것을 입증하려는 시도가 있으면서 다시 세간에 주목을 받았다. 이를테면, 대만이나 중국 남부 지역에는 어린 여자 애를 입양해서 나중에 아들과 혼인을 시키는 양녀혼이라는 풍습이 있었다. 그런데 여기서 오누이로 함께 자란 후 결혼한 부부 사이에 불화가 심하고, 자녀도 상대적으로 적으며, 심지어 높은 이혼율이 나타났다. 이와 유사한 자료는 이스라엘 키부츠 사회에서도 발견되었다. 여기서는 일찍부터 공동 육아를 거쳐 함께 숙식을 하면서 성장한 남녀 사이에 혼인율이 극히 낮은 것으로 밝혀졌다.

2) 이 과정에서 제1차세계대전이 발발하여 그는 영국의 적국인 오스트리아의 국민으로 간주되었기 때문에 주거의 제한을 받았다. 그렇지만 다행히 그는 트로브리안드 군도에서의 조사를 허락받을 수 있었다.

3) 피진어란 의사소통이 안 되는 두 민족 사이에 의사소통이 될 수 있도록 개발된 제3의 매개 언어로서, 두 민족 중 지배적인 위치에 있는 민족의 언어를 기반으로 특정한—이를테면, 교역의—목적에서 만들어진 언어이다. 피진어의 특징은 복잡한 문법을 무시하고, 제한된 어휘로써 구성되는 것이다.

4) 이와 달리, 혼인한 부부가 별도로 제3의 위치에서 독립적인 가정을 꾸릴 때, 이것을 신(新)거주제라고 한다. 신거주제는 주로 부계나 모계 등 출계(出系) 원리가 없는 사회에서 주로 나타난다.

5) 여인의 경우는 혼인할 때까지 부모 슬하에서 지낸다.

6) 이 명칭은 트로브리안드와 유사한 신화가 채록된 오스트레일리아 원주민 사회에서 스펜서와 길렌이 처음 붙인 것이다.

7) 이 같은 결론은 많은 논쟁을 불러일으켰다. 그러나 성 행위와 임신의 인과관계에 대한 무지를 반박하는 입장에서는, 말리노프스키가 트로브리안드 원주민의 신화적 이야기와 실제의 지식을 구분하지 못했고, 더욱이 자신이 옳다고 전제한 신화적 이야기를 원주민들에게 추궁하는 과정에서 그들이

감히 그의 믿음(혹은 선입견)을 부정하지 못했을 것이라고 추측했다. 오히려 쉐플러(Harold Scheffler)는 성 행위와 임신의 인과관계가 인류 보편적으로 인식되며, 이에 따라, 생물학적 부자녀 관계 또한 모자녀(母子女) 관계와 마찬가지로 인류 보편적으로 수립되어 있다고 주장했다.

8) 말리노프스키는 트로브리안드 군도 남쪽의 암프렛 군도에 있는 구마실라를 자료 수집 차 방문했는데, 그곳 족장의 홀대와 자료 수집의 어려움 등을 자신의 민족지에서 세세하게 언급하기도 했다.

9) 사실상 말리노프스키는 친족에 관한 자료를 수집하면서도, 자신이 거주한 마을의 구성원에 대한 센서스나 그들의 계보 관계에 대한 체계적인 자료를 제시하지 못했다.

10) 마거릿 미드(Margaret Mead)의 세 번째 남편으로서, 그들의 혼인은 영국 사회인류학과 미국 문화인류학의 상호 교배를 상징했다. 그들은 발리 족과 이아트물 족을 함께 조사했다.

11) 사실상 래드클리프-브라운과 더불어 말리노프스키의 제자들 대부분은 영국 출신이거나 적어도 영연방 출신이었다. 이를테면, 포르테스는 남아프리카 출신이었고, 퍼스는 뉴질랜드 출신이었다. 그리고 나중에 공교롭게도 유태계열인 포르테스를 제외하고, 에번스-프리처드와 퍼스는 여왕으로부터 작위를 수여하는 영광을 누렸다.

12) 또한 아이러니컬하게도, 문화 이론에 그토록 집착했던 말리노프스키는 런던 대학에 임용되면서 자신의 타이틀을 사회인류학 조교수로 제안했다. 그렇게 제안하면서, 그는 문화란 개념은 독일에서 차용된 것이고, 자신의 작업은 사회학에 속한다고 보았다.

참고문헌

1) 말리노프스키의 저술:

1916 "Baloma : Spirits of the Dead in the Trobriand Islands", *Journal of Royal Anthropological Institute*, vol. XLVI, pp.353-430.

1922 *Argonauts of the Western Pacific : An Account of Native Enterprise and Adventure in the Archipelagoes of Melanesian New Guinea*, E. P. Dutton.
   "Ethnology and the Study of society", *Economica*, vol. 2, pp.208-219.

1923 "The Problem of Meaning in Primitive Languages", In C. K. Ogden and I. A. Richards, *The Meaning of Meaning*, supplement, pp.196-336.

1925 "Magic, Science and Religion", In J. A. Needham ed., *Science, Religion and Reality*, pp.20-84.

1926 *Crime and Custom in Savage Society*, International Library of Psychology, Philosophy and Scientific Method.
Myth in Primitive Psychology, W. W. Norton & Co. Inc.
"Anthropology", *Encyclopaedia Britannica*, 13th ed., Supplement 1, pp.131-140.

1927 *Sex and Repression in Savage Society*. Harcourt, Brace.

1929 "Practical Anthropology", *Africa*, vol. 2(1), pp.22-38.
   The Sexual Life of Savages in North-Western Melanesia : An

Ethnographic Account of Courtship, Marriage and Family Life among the Natives of the Trobriand Islands, British New Guinea, Routledge & Kegan Paul.

1930 "The Rationalization of Anthropology and Administration", *Africa*, vol. 3(4), pp.405-429.

1935 *Coral Gardens and their Magic : A Study of the Methods of Tilling the Soil and of Agricultural Rites in the Trobriand Language of Magic and Gardening*, Indiana University Press.

1936 "The Deadly Issue", *Atlantic Monthly*, vol. 158, pp.659-669.

1938 "Introductory Essay : The Anthropology of Changing African Cultures", In *Methods of Study of Culture Contact in Africa*, International African Institute Memorandum XV, Oxford University Press. pp.ii-xxxviii.

1939 "The Group and the Individual in Functional Analysis", *American Journal of Sociology*, vol. 44(6), pp.938-964.

1943 "The Pan-African Problem of Culture Contact", *American Journal of Sociology*, vol. 48(6), pp.649-665.

1944 *Freedom and Civilization*, Roy Publishers.

1945 *The Dynamics of Culture Change : An Inquiry into Race Relations in Africa*, ed., with a New Introduction, by Phyllis Kaberry. Yale University Press.

1967 *A Diary in the Strict Sense of the Term*, Harcourt, Brace & World, Inc.

2) 그 외의 참고문헌

Ellen, Roy et al. ed. *Malinowski Between Two Worlds : The Polish Roots of an Anthropological Tradition*, Cambridge University Press, 1988.

Firth, Raymond, *Man and Culture : An Evaluation of the Work of Bronislaw Malinowski*, Routledge & Kegan Paul, 1957.

Gellner, Ernest, "The Political Thought of Bronislaw Malinowski", vol. 28(4) : pp.557-559, 1987.

George Stocking ed., "Anthropology and the Science of the Irrational : Malinowski's Encounter with Freudian Psychoanalysis", *Malinowski, Rivers, Benedict and Others : Essays on Culture and Personality*, The University of Wisconsin Press, 1986.

George Stocking ed., "The Ethnographer's Magic : Fieldwork in British Anthropology from Tylor to Malinowski", *Observers Observed : Essays on Ethnographic Fieldwork*, The University of Wisconsin Press, 1983.

Gregg, Dorothy and Elgin Williams, "The Dismal Science of Functionalism", *American Anthropologist*, n.s. vol. 50, pp.594-611, 1948.

Harris, Marvin, *The Rise of Anthropological Theory : A History of Theories of Culture*, Harper & Row, Publishers, 1968.

Kuper, Adam, *Anthropology and Anthropologists*, rev. ed., Routledge & Kegan Paul, 1983.

Lowie, Robert, *The History of Ethnological Theory*, Holt, Rinehart and Winston, 1937.

Mair, Lucy, "Malinowski and the Study of Social Change", In R. Firth ed., *Man and Culture*, pp.229-244, 1957.

말리노프스키의 문화인류학

초판발행 2004년 11월 30일 | 2쇄발행 2007년 5월 20일
지은이 김용환
펴낸이 심만수 | 펴낸곳 (주)살림출판사
출판등록 1989년 11월 1일 제9-210호

주소 413-756 경기도 파주시 교하읍 문발리 파주출판도시 522-2
전화번호 영업 · (031)955-1350   기획편집 · (031)955-1357
팩스 (031)955-1355
이메일 salleem@chol.com
홈페이지 http://www.sallimbooks.com

ISBN 89-522-0309-7 04080
        89-522-0096-9 04080 (세트)

값 9,800원